参观学校时的学生介绍

学校在给参观的家长做介绍

在面试学校进行笔试

每日集会

美高个性化课程表

课堂

课堂

航海课

在图书馆自习

Culver Academies 的餐厅

Culver Academies 的室内体育馆

Culver Academies 的健身房

Millbrook School 校园

Madeira School 的会客室

The Webb School 的图书馆

Darlington School 的小湖

Ethel Walker School 的马场

Oregon Episcopal School
的教学楼

Oregon Episcopal School
的图书馆

Oregon Episcopal School
的宿舍

Stony Brook School 的餐厅

Stony Brook School 的餐厅

Santa Catalina School 的集会厅

Santa Catalina School 的剧场

Santa Catalina School 富有特色的校园

Santa Catalina School 富有特色的校园

Santa Catalina School 富有特色的校园

Stevenson School 的室外集会场

Stevenson School 的图书馆

Stevenson School 的宿舍楼

Wyoming Seminary 城市中的校园

Wyoming Seminary 的剧场

Wyoming Seminary 的艺术楼

去美国上高中

不是学霸，也一样能够制胜牛校

邝薇 吕乐琪 著

机械工业出版社
CHINA MACHINE PRESS

越来越多的家庭将孩子送到国外读高中，特别是教育资源最为发达的美国高中，美国高中到底有什么优势？哪些孩子适合出国？在出国的准备过程中会面对哪些困难和问题？随着信息的逐渐透明，越来越多的家长了解到，申请那些有着让人羡慕的各种优越条件的名校实际非常难。各种机构宣传的上了国外名高中的孩子，往往本身就是"牛娃"，到哪里都差不了。而那些学习习惯和国内成绩非常差的孩子出了国也很难去好学校、取得好成绩。但是，占大多数的那些小"青蛙"（普通孩子）们，到底适合不适合出国？

作者通过一个普通小"青蛙"的申请美国高中经历和切身体会，以及家长从迷茫纠结到理性思考的过程，告诉这些准备出国的孩子和家长们，在准备出国的过程中需要考虑什么，会遇到什么样的困难和问题，该如何来解决。书中有对留学思路的梳理，有对实用方法经验的介绍，有对出国留学的真正意义的思考，是一本给准备（或将来有可能打算）将孩子送到美国高中的家长看的非常实用的参考书。

图书在版编目（CIP）数据

去美国上高中／邝薇，吕乐琪著. —北京：机械
工业出版社，2018.1
ISBN 978－7－111－58669－2

Ⅰ.①去… Ⅱ.①邝… ②吕… Ⅲ.①高中—留学教
育—概况—美国 Ⅳ.①G639.712.8

中国版本图书馆 CIP 数据核字（2017）第 304193 号

机械工业出版社（北京市百万庄大街22号 邮政编码100037）
策划编辑：谢欣新　　　　　　责任编辑：刘春晨
责任校对：黄兴伟　　　　　　封面设计：吕凤英
责任印制：孙 炜
保定市中画美凯印刷有限公司印刷

2018 年 1 月第 1 版·第 1 次印刷
169mm×239mm·12.5 印张·8 插页·146 千字
标准书号：ISBN 978－7－111－58669－2
定价：49.80 元

低龄留学，你准备好了吗

近年来，到美国读私立高中成为越来越多中国孩子的选择，其中寄宿高中更是成为许多家庭的首选。随着申请者数量的增加，竞争越来越激烈。从2016—2017学年申请季的中国学生申请人数看，低龄留学的热潮仍然有增无减。随着前几年中国学生申请数量的急剧增加，各寄宿高中中国学生录取名额整体也有所增长，但现在很多学校又出现了名额减少的趋势。根据《Findingschool 2016年白皮书》的统计，前50名寄宿高中的录取率已低于4%，而这个录取率在今后的一两年内仍有可能下降。

由于标准化考试培训市场的逐渐成熟，申请学生托福和SSAT的分数整体性提高，整个申请过程中的参照标准逐渐向其他方面扩展。例如：面试时的口语表达和逻辑能力，竞技性体育特长，音乐绘画等艺术特长，义工活动及其他特长等。尽管竞争如此激烈，仍有越来越多的孩子进入到这支竞争的队伍中，努力拼标化，参加各种活动，目标是进入一个顶级私立中学。

作为中国第一个海外低龄教育搜索平台的创建者，我见证了中国低龄留学的迅速发展，也接触了非常多的低龄留学孩子及家长。说实话，我觉得这么小的孩子送出去存在一定风险，只是风险的大小可能因人而异。我很想提醒这些家长和孩子，在决定走这条路之前，需要先想清楚：到底自己的孩子是否适合低龄留学？孩子是否已经做好准备？

那么，该从哪些方面考察孩子是否适合以及是否准备好了呢？我建议可以从以下五个方面来考虑。

1. 独立性和主动性。自觉主动地完成任务，有主动思考、自我规划的能力。很多家长会有两种极端的想法：一种认为美国学校会像国内学校那样整天盯在屁股后面，管理孩子；另一种认为美国学校的管理非常松散，极大地鼓励自由和个性化。实际上，美国私立中学会最大程度地平衡两者的关系，尽量做到恰如其分。

2. 时间管理能力。美国私立中学的课程安排得非常紧，学业、运动、艺术、就餐、自习、自由活动，在一天中相互切换，需要提前认真地规划。在美国高中校园里，每个孩子都"身兼数职"，做到有效安排时间是一个学生在私立中学站稳脚跟的必备能力之一。

3. 对新事物的好奇。美国中学教育注重个性化，只要孩子有兴趣，学校会想方设法找到好老师辅导。但是孩子要有内在动力，有发掘新事物的好奇心和发展兴趣的热情。我见到太多的中国小留学生不去尝试交新朋友、学习新科目、参加新运动，那当初为什么要千辛万苦来美国读书呢？

4. 开放的社交能力。私立中学是一个相对比较封闭的校园，尤其是寄宿学校。老师的身份也是经常性变化的，上午是数学老师，下午是足球教练，晚上又是寝室辅导员。周末或者假期，学生还有可能被邀请去老师家做客。如果孩子不善于言谈和主动积极地交往，他生活学习的圈子会很小，收获也会很少。

5. 英语能力。这里指真正的语言应用能力。很多家长经常说孩子托福考多少多少分，认为孩子的语言能力很强，其实这是个很大的误区。语言的提高跟心态也有很大关系，要有开放的心态，积极去学习新单词、新用法。多结交新朋友，在生活中学习，是提高英语的一条捷径。

申请和就读美国私立中学，对孩子来说都是非常大的挑战，但也是非常好的锻炼机会。希望每个申请美高的孩子，都和本书中的乐琪一样，在申请的过程中成长和进步，让申请美国高中成为这些孩子生命中一段值得回味的重要旅程。

张　溪

　　（毕业于哈佛大学，国内最全面的美国低龄留学平台 FindingSchool.com 的创始人。是一位有丰富工作经验的网上产品开发者、设计者和充满热情的创业者，坚信通过互联网技术能为莘莘学子打开一扇自己了解海外教育的大门。）

序二

在"申高"中成长

在我从事留学顾问这八年多的时间里，见证了中国学生申请美国高中热潮的迅速发展。美国高中大门的打开，让很多家庭多了一个选择的机会，很多学生经过认真准备后申请美国高中，也有一些学生在匆忙中决定去美国。

然而，我一直认为，出国是需要做好准备的，必须是优秀的孩子才具备出国的资本。而"优秀"的定义，我认为除了学习成绩，最重要的是孩子要具备自我管理能力，包括时间管理、情绪管理等。这样才具备出国的成熟度，能够在国外应对挑战。

申请学校的准备过程，虽然漫长而艰苦，但也恰恰是一个孩子成长和变得优秀的过程。这个过程中的成长会体现在很多方面，最明显的应该是英语水平。所有经历过标化考试准备的孩子，无论是英文词汇，还是英文的写作和表达，都会有大幅度的提升。但最重要的成长，我认为还是孩子在思想上的收获。申请的过程其实是孩子不断挑战自我和审视自我的过程。我见到过一些非常优秀、出类拔萃的孩子，但最让我欣慰的是，我见到了越来越多的普通孩子在经历了申请准备的过程后，思想和行为都更加成熟，变得更加优秀了。

乐琪也是这些孩子中的一个。乐琪妈妈在这本书里所写的经历，正是很多申高孩子所经历过的：从有些盲目地向往美国高中，到真正理清目标和方向；在英语标化的准备过程中，面对枯燥和艰苦的语言学习，从犹豫、焦虑到下定决心去努力，在学习中锻炼毅力和自我管理能力；从踏踏实实的面试准备和文书写作过程中认识自我，变得更加自信，成为一个更加优秀的自己。

我接触过的一些申请美高的学生和家长，常常走入几个误区：一是以排名来决定学校是否合适；二是以分数来决定孩子是否优秀；三是过分听信身边个别朋友的评价。申请是否成功绝对不是以学生拿到了排名多靠前的学校来衡量的。我认为，成功的申请分为两部分，第一部分是孩子在申请的过程中，自我能力得到了充分的锻炼和提升，当申请完成后，孩子具备了更加成熟的性格；第二部分则是在申请结束的时候，学生找到了一个适合自己的学校，适合是最重要的，孩子只有在适合他的学校里，才能真正快乐地学习和成长。

而一个优秀的顾问，我认为不仅需要合理科学地指导孩子和家长完成申请，与学校沟通，帮助学生获得理想的录取，进入适合的学校，而且还需要在和学生交流的过程中，给予学生精神上的鼓励和引导，从而使他成为一个更优秀的人。

与无数学生交流相处，帮助他们成功出国并申请到理想高中的同时，我欣慰地看到了他们成长、进步、变得更加"优秀"的过程，我也得以从这些学生身上学习，自我成长。

曾敏敏

（华英教育董事长，哈佛校友，美国独立教育顾问协会（IECA）认证顾问，在哈佛大学设有以个人命名的本科奖学金，曾出版《十年：一个哈佛女孩的故事》，其公众号"哈佛教育专家"拥有 20 万订阅者。）

我家的小"青蛙"——乐乐

2013 年夏天的一个晚上，作为妈妈的我，和许许多多青春期孩子家长一样，经历了一场作业风波，我和正上初中一年级的女儿乐乐发生了激烈的争吵。吵架持续了两个小时，乐乐大哭，我也哭了，在争吵中两个人的嗓子都哑了，起因却是一件小事——我发现乐乐没有做数学老师留的补充作业，而在下午看了两个小时的电视。乐乐理直气壮地说，这是补充的作业，不是必须要做的，班里有不少同学都是不做的。

乐乐，是我女儿的小名。出生前大名还没想出来，我们就先为她起好了这个小名，这代表着作为家长的我们对孩子最大的期望——快乐。然而，父母的期望，却不只有快乐这么简单。从内心深处，我希望她是一个优秀的孩子。可什么是优秀呢？我的心里没有实在的标准，觉得总应该是超过大多数别的孩子吧。

然而，随着乐乐逐渐长大，我不得不承认一个现实——按照这个标准，乐乐就是一个"不够优秀"的孩子。在众多家长群的"术语"中，那些"别人家的孩子"被称为"牛娃"，而不属于牛娃之列的普通孩子，则被家长们自嘲地称为"青蛙"。而我家乐乐，就是一只小"青蛙"。

乐乐的成绩在班里是中上游，偶尔还能得到个全班前几名；从小也随着大流，参加了各种兴趣班、奥数班、英语班，虽然成绩都不突出，够不上顶尖中学的要求，倒也能上一个不错的初中；乐乐很少因为成绩优异得到老师的表扬和关注，也很少因为成绩差被老师批评；她也参加学校的各种活动，却从来没在什么活动里成为主角；她似乎从来没有为什么而拼搏过，也从来没有因为太不努力而让老师、让我们操心过。总之，她就是人群中的大多数，在班里最容易被老师忽略的那种孩子。"优秀的毕竟就是那几个孩子。"我似乎也无奈地接受了这个现实。

然而在那个晚上，当我上了一天班，疲惫地走进家门，看到乐乐卧在沙发上，诚实而理直气壮地告诉我看了两个小时的电视时，我联想到她的种种"不优秀"的事实，不由得火从心头起，从下午没有做补充作业这件事说起，一直数落到她没有任何自我挑战的意识，除了被学校要求一定要做的作业外，总是一点都不愿意多做；没有计划性也没有自律性，这么大了起床都需要我不断催，有什么计划好的事情都记不住，总是要问我、问同学；干什么都舍不得花力气，没点拿得出手的特长；一天到晚懒洋洋的；没有目标也没有什么喜欢的事情……乐乐也很生气，不断和我辩驳。而我，作为一个家长的失败感迎面袭来，我知道我发火的真正原因不是因为这一次作业，是长期以来积累的情绪的爆发："我的孩子为什么就不愿意更努力一些、更优秀一些呢？"所有的不甘心，所有的焦虑，在这一刻爆发了。而乐乐的大哭，除了因为我的批评而委屈，我不知道是否内心也有一定的不甘心。

几年后的今天，就在我写下这段文字的时候，我刚刚结束了和远在美国的乐乐的视频聊天。这时的乐乐，正在一所优秀的美国寄宿高中读第二年。乐乐告诉我，她现在正在为下学期选课，在已经选到3门高级别课程的情况下，她正在和老师沟通，力争选到第4门高级别课程。我知道高级别课程难度和作业量比普通课程会高很多。乐乐就读的学校对高级别课程的选择要求也很严格，最多只允许选4门高级别课。我劝乐乐不要给自己那么大压力，乐乐却让我不用管了，她已经约了相关的老师和同学帮她辅导，甚至想好了如何说服负责安排课程的老师。乐乐还兴奋地告诉我说，她在下午的校际游泳比赛的蝶泳项目里取得了第 3 名，而两周前教练让她报这个项目时她甚至还不能游完 50 米的蝶泳，这两周里每天课后她自己刻苦加练，终于取得了好成绩！我提醒她别忘了周末和一位顾问的约谈时，乐乐说她早已安排好了，她展示给我看她这个周末的日程安排表：什么时间做作业，什么时间去找老师，什么时间进行她创建的俱乐部活动，什么时间和顾问约谈……

视频里的乐乐皮肤黝黑，闪着健康的光泽，脸上是自信的笑容。我欣慰地笑了。这时的我已不再纠结于自家孩子与"别人家孩子"的比较，尽管这时的乐乐仍不是人群中最优秀的那一个，但她正在尽最大的努力，成为一个更优秀的自己。我知道这正是我所期望的"优秀"。

而乐乐和我的这些变化，正是来自一段艰苦而又收获巨大的申请美国高中的历程。

目　录

序一　低龄留学，你准备好了吗

序二　在"申高"中成长

前言　我家的小"青蛙"——乐乐

第一章　决策："青蛙"是否应该申美高 // 001

第 1 节　遥远的美国高中 // 002

第 2 节　失去目标，就失去了动力 // 003

第 3 节　你的目标就是孩子的目标吗 // 005

第 4 节　那些优秀的美国高中孩子 // 007

第 5 节　美高不是花钱就能去的好学校 // 009

第 6 节　内力觉醒 // 011

第 7 节　高中就去美国 // 012

干货分享

1.1　什么样的孩子适合读美高 // 018

1.2　读美国高中需要多少费用 // 021

1.3　申请美国寄宿高中应该如何规划 // 024

1.4　申请顶尖美国寄宿高中需要什么条件 // 026

第二章　漫漫托福路 // 033

第 1 节　托福，远难于我们的想象 // 034

第 2 节　要出国了，还要和考试较劲吗 // 036

第 3 节　一分付出，一分收获 // 040

第 4 节　83—83—83 // 042

第 5 节　托福不仅是一道门槛 // 043

干货分享

2.1　托福考试简介 // 047

2.2　SSAT 考试简介 // 049

2.3　维立克面试简介 // 052

第三章　申请，如何打造那个独一无二的你 // 057

第 1 节　这也能算特长?! // 058

第 2 节　把生命投入到喜欢的事情上 // 060

第 3 节　我的孩子原来如此优秀 // 062

第 4 节　表达自己 // 063

第 5 节　我就是我 // 066

干货分享

3.1　申请美国寄宿高中需要提交什么资料 // 068

3.2　校园参观和校园面试经验谈 // 071

第四章　如何选择顾问，找到申请的引路人 // 075

第 1 节　什么是选择顾问的标准 // 076

第 2 节　跟着顾问向前走 // 081

干货分享

4.1　顾问和中介的区别 // 084

4.2　顾问在申请中的作用 // 086

第五章　选校，最适合的才是最好的 // 091

第 1 节　除了分数，学校还有什么差别吗 // 092

第 2 节　眼见为实 // 094

第 3 节　你在选学校，学校也在选你 // 097

第 4 节　如果再给我重新选择一次的机会 // 098

干货分享

5.1　在选校过程中应该考虑哪些因素 // 102

　　　附录：美国人对于好学校的标准 // 116

5.2　为什么首选寄宿学校 // 119

5.3　如何看待美高排名 // 122

　　　附录：美国寄宿高中排名 // 128

第六章　乐乐的美高生活第一年日记 // 131

干货分享

6.1　美国寄宿高中学习制度总结 // 160

6.2　你的数学是体育老师教的吗

　　　——关于体育课的那些事 // 166

6.3　一堂美高的思想品德课 // 173

后记　一个美高学生家长眼中的中美教育对比 // 177

第一章 /01

决策:"青蛙"是否应该申美高

第 1 节　遥远的美国高中

第 2 节　失去目标,就失去了动力

第 3 节　你的目标就是孩子的目标吗

第 4 节　那些优秀的美国高中孩子

第 5 节　美高不是花钱就能去的好学校

第 6 节　内力觉醒

第 7 节　高中就去美国

第 1 节　遥远的美国高中

第一次接触美国高中，是在乐乐小学六年级的时候。那时我正在为乐乐的小升初忙得晕头转向，那段时间几乎逢人就打听小升初经验。一次饭局上遇到一位比我大些的女老总，说到小升初，她很轻松地说："我很早就决定让女儿到国外读书了，所以小学和初中上的都是国际学校，高中就直接让她到美国读书了。"

"高中就出国？"我非常吃惊，第一反应是"女强人就是够狠心啊！"眼前不由得设想出了小小年纪的乐乐独自在美国的情景。一个小姑娘孤零零面对完全陌生的环境、陌生的人，有困难不知找谁，有委屈无处诉说，而作为母亲的我却看不见摸不着，什么也帮不上。这情景立刻让我的心都酸了。

乐乐是个比较恋家、独立性不强的孩子，小学五年级暑假我给她报了一个北戴河的五日夏令营，几乎每天晚上她都哭着给我打长达两个小时的电话，诉说遇到的各种委屈：吃得不好，睡得不好，老师严厉，同学霸道……搞得我揪心又无奈。我和乐乐爸都有让乐乐去美国读大学的想法，可和她一说，却马上遭到反对："美国有什么好的，我非得离开家那么远去那儿上学么？"

想到这些，我不由得和那位女老总说："你真舍得啊，我肯定舍不得孩子这么早出去的。"

那时候的我，觉得去美国读高中这种事离我家乐乐很远，甚至完全不可能。然而世事难料，那次饭局之后不到两年，从乐乐初二下学期开始，我们就下决心让乐乐初中毕业就去美国读高中。不同于有些家庭由于孩子嫌中考太辛苦或是没有考好而立即决定让孩子出国，我们做出这个决定则经历了很长一段时间的认真考虑。

第2节　失去目标，就失去了动力

乐乐初中进入了一所区重点学校的实验班，我松了一口气，但新的问题随之而来。随着学习压力加大，乐乐又进入青春期，我发现她已经不再是过去那个让干什么就干什么的小小孩，而是有了更多的问题和自己的想法。

她曾很多次问我：人活着是为了什么？人努力是为了什么？现在这么拼命努力只是为了上一个好高中吗？那么上了好高中呢，努力就是为了上一个好大学吗？上了好大学呢，努力就是找一个好工作吗？工作之后还为什么要努力呢？就是能买大房子吗？那么买了大房子之后，我这辈子还需要为什么努力呢？如果我现在就已经有了大房子，或者我根本不需要大房子，是不是从现在开始我就根本不需要努力了呢？我现在每天在做这么多我不喜欢甚至厌烦的事情，只是为了追求一个我根本就不想要的结果吗？

学校老师找我谈话，让我再多花些精力督促孩子，因为她们觉得乐乐完全可以取得更好的成绩，但是她没有尽自己最大的努力。我知道老师是为孩子好，我为自己作为家长却没有尽到责任而感到惭愧。但同时，我也有些委屈。说实话，自从孩子上了学，我把除工作之外的时间几乎都奉献给了孩子，为了不影响她的学习，我晚上除了工作必要的外出活动外，几乎从不外出，放弃了所有的饭局、聚会，放弃了自己的娱乐活动。孩子晚上在自己房间做作业，我在外面看书，随叫随到，端茶送水，为她解答各科问题。难道我还真的要像一些家长那样，做作业时陪在旁边，做完一项帮她检查一项？我知道确实有些家长这样做，这样也确实提高了孩子的成绩。

可是转念一想，自己小的时候，父母都很忙，几乎没有管过我的学习，可是我的学习成绩仍然很好，似乎家长的紧逼也不应该是这个年龄孩子的学习动力。可是为什么乐乐不能像"别人家的孩子"、像我们那个年代的很多孩子那样，自觉而努力呢？我想不明白，只能感叹：有个学习好、自觉的孩子，父母该是多好的运气啊。

然而就在乐乐上初一之后不久，我在微博上看到一件让我很震惊的事情：一个和乐乐一样刚上初一的女孩，在一个周末，莫名其妙地跳楼了。她的妈妈无论如何不能相信孩子是自杀的。这个孩子就是大家所认为的那种让人省心的"别人家的孩子"——学习成绩很好，班干部，有写作特长，性格也很开朗，刚刚考上市重点初中。据家长说当天一切正常，孩子没有遇到什么考得不好之类特别的事，也没有谁批评过孩子，或者感觉孩子有什么不高兴，怎么会突然自杀呢？作为一个母亲，我感同身受，一直在为这个孩子、这个母亲而难过、揪心，也非常希望知道究竟是为了什么，这个孩子究竟在想些什么。随着警察调查的深入，发现了这个孩子不为大家所知的另一面，在她的 QQ 空间里，全部是黑色的背景，这个很有文采的女孩在 QQ 里写了不少诗歌作品，然而很多是关于死亡，关于对未来、对人生的迷惘、无望。在她的作品中，她提出了和乐乐同样的问题：人活着究竟是为了什么？

我似乎有些明白了，现在的孩子最大的问题，是不知道人生目标和努力方向，不知道自己可以得到什么，也就不明白自己所有付出的价值。这是孩子们的普遍问题，即使那些乖乖地按照我们家长的要求做的孩子，没有说、没有反抗，不代表他们没有这样想。

第 3 节　你的目标就是孩子的目标吗

我不由得想，为什么我们这一代人，在同样的年龄似乎没有这种茫然呢？我们当初为什么会那么努力呢？

我们这一代人，经历了中国发展最快速、物质生活发生翻天覆地改变的时代。从年幼时买糖、麻酱都要限量、排队的物质匮乏到逐渐取消了限购，再到物质丰富甚至需要促销；从家里唯一的一件电器——收音机，到洗衣机、冰箱之类的大电器，再到现在无处不在、细致入微的种种小家电；从没有厨房、共用厕所的筒子楼，到有厨房厕所的单元房，再到宽敞舒适的别墅；从全楼共用一部电话到家家安电话、可以随时通知到你的神奇的 BP 机，再到可以随时随地联络的移动电话……

我的小升初是纯考试，没有推优、特长生，靠自己的努力考入了市重点中学，后来也是靠努力考入全国重点大学。大学毕业时按成绩进行工作分配，成绩好分得就好，大家也都认可。

我们这一代人目标是明确的，道路是清楚的，就是——努力学习，超过别人，你排在前面，你就有更多机会，就会改变自己的命运，极大地提高生活质量！

所以当我们教育自己的孩子时，我们的潜意识里，仍然是这样的思路。然而，三十年后的今天，我们面对的社会和时代已经发生变化，我们的孩子们心里想的，能和当年的我们一样吗？

社会学家对于当前的时代给出了这样的定义："这个世界发生了一个从古至今整个人类进化史上都不曾发生过的变化，就是温饱大体解决了。"在现在的年轻人看来，优渥地活着，至少是轻而易举地生存，是天经地义的事情。在他们之前，数千年来人们教育子女"艰难困苦，玉汝于成"，而在当今时代，这个逻辑正在失效。

我曾经觉得今天的孩子娇气、幼稚、不懂事、不能吃苦，似乎比我们当年差了很多。然而细想，其实现在的孩子，起点比我们高。他们出生在物质更为丰富也更为稳定、更有安全感的时代。他们这个时代的变化是巨大的，但不是在物质上，而是在思想上的飞跃。他们对于物质，缺少我们当年的渴望，但对于精神上的追求高于我们当年。他们这一代人所追求的精神上的自由与快乐，恐怕是我们这一代的很多人活到四五十岁都不曾考虑过的精神上的奢侈品，而他们却从很小的年龄就开始追求。

他们可以努力，也应该努力，但他们缺少的是前进的动力，这种动力来自于梦想和目标。然而我们当年"物质更丰富、有房有车"之类的目标已经很难成为他们，特别是家境比较好的孩子努力奋斗的目标。那么他们应该追求些什么？作为一个家长，如何来改变这个状况？我仍然没有头绪。

第 4 节 那些优秀的美国高中孩子

乐乐初一那年圣诞节，我的一个朋友告诉我说，她的一个朋友的孩子刚刚进入美国高中，趁假期回来组织了一次介绍美国高中的公益活动，建议我们全家一起去听听。我想我们并没有去美国读高中的打算，周末的时间也很宝贵，本想婉言拒绝，但是在她"帮忙捧场"的力劝下我们还是去了。

这次讲座是由几个刚刚进入美国寄宿高中的学生组织的，介绍他们在美国高中的学习生活情况以及他们各自所在的学校。在分享会上，那几个美高孩子用非常自信大方、幽默风趣的演讲征服了我们，我从台下家长们的表情中看到了和我一样的震惊。我不由得悄悄和乐乐爸说："我接触过的这么多硕士毕业生也没多少能达到这样的演讲水平啊。"

我们之前之所以没有对美国高中动心，除了舍不得孩子，也因为对美国高中一点都不了解，不知道美国高中和我们国内的高中有什么不同。而现在，这些孩子通过介绍和图片，展示了多样且充满乐趣的学习、丰富多彩的活动、优美的校园，让我突然看到了另一种学习生活方式。

然而，更为触动我的，是那些孩子本身。在他们身上，我看到了一些在乐乐以及周围一些高中生身上没有的东西。是什么呢？

是自信和笃定。在他们的口中，经常会提到的是：我的目标、我喜欢的、我选择的——那是一种人生就在自己手中的自信，是怀揣自己的梦想，一步步朝前走的笃定。而现在的乐乐，只是忙于应对眼前的每一次考试，恐怕从未考虑过、规划过自己的未来，全部精力需要用于埋头走好自己眼前的每一步，至于最终走到哪里，她不知道。而从这些美高孩子的口中，我感觉在美国高中，孩子被赋予了一定的自由发挥的空间，可以、也必须让你去考虑自己的目标是什么，自己的兴趣和擅长是什么，从而决定自己眼前的选择。

正因为是他们自己的选择，这些高中生常常会满脸喜悦地介绍说"这是我选的 dream school（梦想的学校），我喜欢这所学校，我喜欢这里的生活""我选择了这门课，我觉得非常有趣又很有收获"。

让我对他们印象深刻的另一点是他们对学习的兴趣和热情。我从小到大都始终感觉学习就是一件苦事。"吃得苦中苦，方为人上人。"如果说有什么乐趣的话，那就是考了第一、被别人羡慕时的感觉，是考上重点学校、手握成绩单的成就感。而在这些孩子口中，更多的是学习过程中的乐趣而并非结果：语文老师在课上和大家讨论一本有意思的小说，自己在课后写出了有独到见解的读后感；历史课上如何写出了两个不同国家领袖的对比分析；外语课上如何在两个多月内就从零基础到可以用这门语言与外国人对话，而考试是教会学校里很多老师用这门语言说一句话；体育课上自己由一个国内时的体育差生成长为壁球的校队选手，代表学校参加校际比赛——我想到了我们常说的的一个词，"寓教于乐"，我们习惯于考虑的是，即使是孩子在玩，我们也要尽可能使其变得有教育意义，总得学到点什么才有价值；而在他们口中，似乎是"寓乐于教"，让教育的过程也充满乐趣，让学习本身也成为一种快乐。

回想起来，似乎多数事情对于乐乐来讲是没有什么选择的，在学校，学校、老师把多数事情都给定了；在家里，很多事情我们家长都给定了，大到去什么学校，上什么课，小到吃什么饭，穿什么衣服——家长、老师要么急于给孩子一个最好的选择，要么是没有条件提供更多选择。久而久之，她似乎也不爱做选择了，即使我问她什么，她说得最多的也是"随便"。

我感觉到，这似乎正是我一直在找的、我觉得乐乐在中学阶段应该学习到的东西：是树立人生的目标和理想，是学会自己做选择，为自己负责；是享受学习过程中的乐趣，掌握自己不断学习的能力。在她未来进入大学、走向社会之前，能够奠定成为一个"社会人"的基础。

我也意识到，对于乐乐来讲，还可以选择一条不同的路——申请美国高中。

第 5 节　美高不是花钱就能去的好学校

听完讲座之后我征求了乐乐的意见，她说："从他们的分享中，我觉得自己很喜欢美国高中。但我还是不愿意离开家，想到要一个人去一个语言不通的地方我还是害怕。不过我想大学的时候我可以去美国。"

我理解乐乐的想法，其实即使她想去，我和乐乐爸也尚未下定决心。美国高中是吸引人的，可是它是否真的好到需要我们与孩子付出天各一方的代价的程度？乐乐能有这种生活自理能力和学习上的自我管理能力吗？更何况还有一个实际问题，高中去美国留学，一年需要 40 万~50 万元人民币，到本科毕业 8 年就需要 300 万~400 万元人民币，即使对于我们这样收入还不错的工薪家庭来说，也是巨大的负担，这会完全改变我们的生活状态。这笔投入是否值得呢？

我也开始关注和研究美高，通过研究才发现，原来美国高中也是良莠不齐，并非质量都那么好。而大家公认的那些知名的好高中，在美国当地也如同北京的人大附中、四中一样很难考进。随着美国高中在中国的迅速升温，对于这些名校，特别是大家更为倾向的优秀寄宿高中，竞争已经到了白热化程度。

当时我听讲座时对于美国寄宿高中的名字尚无概念，但仍然记住了其中几个孩子的学校，因为这几所学校在孩子们的描述中是那么吸引我，我努力记下这些陌生的英文名字：Lawrenceville（The Lawrenceville School，劳伦斯威尔高中）、Choate（Choate Rosemary Hall，乔特罗斯玛丽中学）、Webb（The Webb Schools，韦伯中学），我心想，如果乐乐要去美国，那就得奔着这样的学校！然而当我稍加了解后，才知道那几所都是美高圈子里鼎鼎大名的顶尖寄宿学校，按现在的行情，基本是全中国申请者中的佼佼者才有可能。而那几个进行介绍的孩子，其实之前在国内也都是非常优秀的学生。比如，一个出国前在人大附中的女生谈到刚去美高时在学习上很不适应，但是很快就找到了方法，当她把她的学习经验一条条清晰地讲出来时，我就在心里感叹，这一看就是个学习能力、学习习惯都很好的孩子，这种孩子放到哪儿都差不了啊！另一个原来在国内上国际学校的孩子在准备托福考试期间，仍然保持了年级前几名的校内成绩，为此每天学到很晚，几乎每一分钟都精确地利用上。有一次实在太困了就稍微打个盹儿，让爸爸20分钟后叫自己。而她的父母也是很拼，为了让住在郊区寄宿学校的女儿晚上有更多时间准备托福，他们专门在学校旁边租了房子，陪孩子住在学校附近，而自己不惜放弃离工作地点更近的家，每天往返奔波。

而乐乐与这些孩子相比显然在实力上还有很大差距。我们作为父母，和人家的父母相比差距也不小。即使我们想去，我们心目中理想的美高离乐乐还是有很远的距离。

不管怎样，从那一天起，在我们全家人的心里还是留下了一个"美高"的种子。

第 6 节　内力觉醒

虽然决定暂时不考虑美高，但是那几个孩子的状态还是给了我非常大的启发。我意识到，作为家长，我们一方面在抱怨国内教育方方面面的弊端：过于功利，死记硬背，不给孩子自己思考的空间，只重学习不重全面成长……可是另一方面，我们却在不由自主地做着连自己都反对的事情：为孩子报满各种课外班；把有限的时间只放在那些对升学有用的事情上；虽然明知道孩子不喜欢但是只要我们认为是对的就替她决定；明知道孩子的成长需要一个过程，但是总焦虑地认为每一步都得走对了、走好了，否则下一步甚至再下一步就会如何如何。我们在做的，实际上是在为自己反对的事情添砖加瓦、推波助澜。

之前我觉得自己是一个尽心竭力、甘于奉献的家长，可现在我觉得自己其实是一个不合格的家长，我虽然付出了精力和时间，但是却没有好好思考，缺少不随波逐流的勇气。我意识到，要想改变孩子，首先要从改变自己开始。

我明白了现在需要做的不是进一步监督、督促她，而是相反——放手。给她一定的自我成长空间，她需要明白自己的人生，自己的梦想和目标，自己要追求什么，自己喜欢什么，她需要为自己的人生负责。真正能够持续的动力来自于她自己的内驱力，而不是父母的督促。我相信，从更长远看，乐乐不会太差的，她有美好的愿望、有潜质，缺的只是动力。如果她有动力，我根本不需要拉她。如果她无论怎样也没有动力，那么我拉她也无用，因为我不可能一辈子拉着她。她需要的是内力觉醒，而我需要做的是静待花开。

遵照乐乐的意愿，我们放弃了她的周末数理化补习班，而是让她参加了一直想去的戏剧团以及攀岩活动。另外我们也计划让乐乐每个暑假参加美国的夏令营或夏校，了解美国的学校和学习生活，最终决定是否去美国读大学。

第7节　高中就去美国

初一的暑假，我为乐乐报了一个美国知名的探索夏令营。夏令营有200多门课可供选择，从学术课程、科研、辩论、模拟联合国，到体育、艺术、烹饪，无所不有。这实在是太符合爱体验新事物的乐乐了。面对密密麻麻的课程表，她勾选出了很多门课程，经过反反复复研究，最后留下了她最喜欢的5门课程。

夏令营的录取还需要经过 Skype 面试，事先我帮乐乐准备了一些自我介绍之类我认为可能会问的问题。面试的时候，乐乐把我推到了房间外。大约20分钟后，乐乐高高兴兴地出来了，我赶紧问："怎么样？问的问题都是咱们准备过的吗？"乐乐说："准备的那些问题一个也没问，都是些奇奇怪怪的问题，比如如果老师突然宣布明天学校不上课了，你会做些什么？如果你可以发明一件东西，你会发明什么？如果你有能力改变世界，你最想改变的是什么？"

这种天马行空的问题，我想如果是问我，让我提前一天思考总还是能回答的，可是如果直接在 Skype 里问我，我可能还真得卡壳，更何况乐乐这样年龄的孩子，怎么能马上答出来呢？

然而，当乐乐告诉我她当时的回答时，我真的非常吃惊。她不仅对每个问题都马上作答，而且在我看来回答得很好，有趣又有新意。并且，她很享受讨论这种"没有答案"的问题，似乎终于有机会堂而皇之地把自己的"胡思乱想"展示给别人，看得出来她非常开心。总之她觉得这是最有趣的一次"考试"。

后来收到夏令营的通知，乐乐通过了考试，可以选择她喜欢的那些课了。这也让我有些触动。乐乐经常会在回家后吐槽学校语文课上的课文分析："我明明觉得作者是这个意思嘛，答案非要说作者是想说那个，编教材的人怎么知道作者的真实想法呢？为什么一定要有标准答案呢？"我说："你也可以在课堂上讲出你的想法啊。"乐乐说："算了吧。课时那么紧，课堂上那么多人，老师需要抓紧时间给大家讲正确的答案，不管我怎么说，最终和教科书答案不一致的肯定是错的，我就别给老师打岔，耽误大家的时间了。"

也许，一个更加宽容、更加能让乐乐表达自己想法和见解的环境，会更适合她？

夏令营结束，我们去机场接乐乐。乐乐上车落座后，第一句话竟然是："我想高中就去美国上学，不想等到大学了！"

"为什么？"我和乐乐爸同时问出这个问题。我说："你这次去的是夏令营，以玩为主，可是别以为美国的学校是这样光玩不学习的，你可得想清楚。"乐乐说："我当然知道这点。"在之后长达一周多的时间里，乐乐每天都兴奋地、滔滔不绝地给我们讲她在夏令营的种种经历和感受。归纳起来她的想法改变来自于这样几个原因：

首先，乐乐对自己的英语能力更自信了。乐乐从小就参加各种英语培训班，为了小升初，英语证书也拿了好几个。可是她说，在此之前，她一直觉得英语只是一门课，是用来考试的。以前我们出国旅游的时候，偶尔让乐乐用英语去和别人说些什么，她仍然觉得和一个外国人说话是不可能的事情。去夏令营之前，乐乐想到要用英语和老师同学沟通就很害怕。而这三周下来，乐乐发现自己用英语沟通和交流是没有问题的。她的室友是一个美国女孩，乐乐说她们每晚都聊很久。有几次她主动去找老师调课或者协调一些事情，发现每一次都能讲明白，事情也都得到了很好的处理。因此，她不再害怕去美国后语言不通的问题了。

　　其次，她发现想家的问题其实没有那么难克服。开营之前夏令营就曾经给家长发了一份几十页的注意事项，其中一条，就是在第一个星期里，家长不可以给孩子打电话，孩子也不可以给家里打电话。我想象中乐乐一周后来的第一个电话，应该是像前两次在夏令营一样，向我哭诉她多么多么想家，这一个星期她自己过得多么地委屈。然而让我意外的是，乐乐第一次打电话过来一点没提想家的事，而是非常兴奋地给我描述，她们的各种活动是多么新鲜有趣！她的同学多么有趣！在那里她每天有各种有趣的事情要做，根本没有时间想家。这让乐乐相信，只要是她自己喜欢的生活，她不会那么想家。

　　而对于乐乐来说，更重要的一点是，这里的老师非常鼓励学生去尝试和探索，尽可能激发内心的兴趣。夏令营里的老师都非常有耐心，鼓励学生表达出自己的想法。即使做错了，更多的是靠规则来约束，而不是靠严厉的批评。这一点，让一向畏惧成年人的乐乐非常喜欢。

　　乐乐说："其实我从上次听讲座之后就感觉他们介绍的美国高中更适合我，但是我有很多担心，怕自己适应不了，所以不敢去。但是现在，我不害怕了，我想立刻就去。"

我们和乐乐一起又去参加了一些美国高中分享会，购买了一些介绍美国高中生活的书，又找了认识的几位已经去美高的学生和家长了解情况，详细地询问他们在美国高中的学习生活，存在的困难和问题是什么。之后我们全家一起就乐乐是否出国进行了讨论，核心问题是：出国对于乐乐、对于我们全家究竟意味着什么，我们可以得到什么，需要付出的代价和风险是什么。

乐乐认为，从她了解的情况看，美国高中吸引她的地方是：在课程内容、难度上可以有一定自己选择的自由度，文科课程更侧重思考而不是背诵，文体活动丰富，老师对学生的平等态度等。她担心的问题是，到了美高以后是否能尽快完成不同学习方式的转变，是否会想家和适应集体生活。

而对于作为家长的我们，担心的问题有很多：

美高学习压力也很大，并且需要更多的主动性，一向在学习上不太主动的乐乐在没有人督促的情况下，是会变得更加主动还是越来越懒、成绩越来越差？

我听说在申请美国大学时，美高的中国学生是和美国学生是按一样的学术标准来考核，例如更看重平时的 GPA、老师推荐、课外活动，SAT 也要利用放假自己准备而学校不管；而国内学生主要看 SAT 成绩，学校也会专门留出上课时间来准备，这样一来美高学生在申请结果上不见得比国内直接申请美国大学的高中毕业生更有优势。

从就业形势看，将来毕业留在美国工作的机会也是比较少的，而"海归"现在也没有什么优势，工作后甚至不知道要用多少年可以挣回我们投入的高中和大学期间的学费。

一个人在国外，生病了怎么办？情绪不好了怎么办？受欺负了怎么办？会不会受到美国校园里毒品、性行为泛滥的影响？

我们就这一个孩子，一旦走上这条路，孩子会不会和作为父母的我们渐行渐远，在思想上、感情上产生隔阂？眼前可见的是，至少在高中、大学的8年间，所有春节、乐乐的生日我们都不可能在一起过了，作为父母的我们能否适应这种生活状态的改变？

然而最终，虽然面临这些问题和风险，我和乐乐爸仍然决定选择美高。现在的世界变化越来越快，作为父母，已经很难为孩子指出一条未来的光明大道。现在学什么知识，未来孩子上什么大学、学什么专业、找什么工作，哪些对孩子的未来有帮助，作为家长恐怕很难帮孩子规划和预测，规划了也未必有用。但是，我们相信有一些东西，不管社会怎样变化，都会让孩子的一生受用，那就是：良好的身体素质和心理素质，自驱力和主动学习能力，适应社会和与人交往的能力，等等。这些都是我们非常希望在高中这个阶段，在孩子走向成人、走向社会之前的这个重要的阶段，需要着力培养的。不得不说，这些所谓的"素质教育"，在国内教育中的小学阶段强调得还比较多，年级越高越需要让位于中考和高考。在高中阶段，面向高考的准备工作几乎占据了绝对垄断地位。尽管我们也希望孩子上一所好的大学，但那不是我们真正的目标。

我告诉乐乐，如果她决定去美高，那就需要把它作为一个挑战，一个更高的目标，而不是作为一个逃兵，去美高回避国内学习的压力。美国高中质量也是参差不齐的，要去美高，就要去一所好的学校，这样教学质量、周围同学素质都更有保障。而申请一所好的美高寄宿学校，目前看来竞争压力未必低于国内中考。如果决定申请美高，需要这一年在学好校内课程的同时，必须投入足够的时间进行托福、SSAT以及其他申请的准备。

美国学校也要看之前几年的平时考试成绩，所以国内学校的成绩也不能落下。这就意味着决定出国后，不仅不会轻松，反而压力会远远大于以往。我对乐乐说，如果这种压力她都承受不了，将来去美高后，需要独自面对的学习压力会更大，肯定更承受不了。那不如现在就放弃这个想法，按原来的计划，先在国内读高中，大学再申请去美国。

乐乐说，我想好了，我要去美高，我会努力，我有信心！

最终促使我和乐爸下定决心的，是乐乐第一次如此坚定地提出自己的目标，下定为一件事情付出努力的决心，我们觉得在我们有能力的情况下，应该支持她。未来怎样我们无法预测，但是当前，我们相信，能够让乐乐努力去追求她的目标就是我们的正确选择。

我们全家终于决定，去美高！

干货分享

1.1 什么样的孩子适合读美高

前些年，很多学生和家长被一些中介的宣传误导，认为美国学校轻松无压力，但是却容易上好大学、成为精英人物。于是很多家庭经济实力强、学习不好的孩子为逃避中、高考，被家长送往美国。但是这几年，随着国内这方面信息的更加通畅，国人对美国高中越来越了解，明白了美国中学也并不都是好学校，在美国成为好学生、上好大学需要付出的努力不比国内少。如果只是想出国留学并不难，难的是真正上一个好的高中，成功完成学业，孩子在这个过程中获得真正的成长。

所以，无论通过哪种途径出国，什么时候出国，都要抱着对自己未来负责任的态度，充分准备，制定规划，才能走好出国留学这段旅程。规划开始的第一步，就是评估一个孩子是否真的适合出国。那么，到底什么样的孩子适合出国读书？在评估孩子是否适合出国时又需要考虑哪些因素呢？

1. 出国的意愿和目标

孩子出国后，在生活上、学习上一定会遇到各种困难和问题。如果孩子自己出国的意愿非常强，目标明确，那么在遇到困难后自己努力克服的动力也会很强。而本身就不太想出国的孩子，一旦遇到困难，往往会归因于父母为自己选择的错误道路，更容易抱怨别人而不是自己努力去面对。

2. 语言能力

一些急于劝家长把孩子送出去的中介会告诉家长，孩子语言不好没关系，出去有了语言环境语言问题就会迎刃而解。而实际上，孩子出国后日常生活用语中的口语和听力确实会很快提升，但是，学术英语（上课、作业、阅读、写作中需要用到的英语）是不会在短期内自然而然提高的，而较低的英语能力会直接影响到孩子的上课交流、作业和成绩，让孩子失去自信。同时，语言能力也是孩子和其他同学、老师交流的基础，如果自己的想法都表达得磕磕巴巴，时间长了就很难和同学建立互动性的交流。

3. 自觉学习、自我施压的能力

美国高中和国内高中的学习方式存在着很大的不同。国内高中目标明确，学校、老师、学生家长都奔着高考这一个目标，使用同一套教材学习，有无数的辅导教材供练习。每天的作业老师都检查，有错误老师会督促修改，老师甚至追着给差生补习，确保班里不会有同学掉队。在中国，孩子只要老老实实按老师要求做，学习自然就不会太差。

但是在美国，高中老师是没有学生考试成绩的压力的。在私立学校，教什么、怎么教、怎么考试都是任课老师自己决定的。在课程选择上，学生可以选择难度低的科目，也可以选择难度高的科目。课上听不听课老师不管，只要你不影响别的同学；课后作业做不做老师不管，老师只会记下你的作业成绩，但不会督促你完成作业；考试前复习不复习老师不管；考完后错题改不改老师不管。但是，只要你主动去问老师，老师会非常认真地给你单独讲解，给你提出更高的要求。也就是说，学生先要对自己有要求，老师才会进一步帮助你，所有压力都来自于自己。而在国内，很多孩子的压力则来自于老师和家长。因此，出国读书对孩子的自我施压、主动学习能力有很高的要求。

试想一个孩子在国内有父母、老师监管的情况下都无法好好学习，如果把他送到没人督促的美国，很有可能会因为没人管、没有压力，觉得非常轻松非常高兴，成绩又怎么会提高？在国内有老师、家长督促还不至于落队太多，但在美国，由于没有人督促，成绩有可能会越来越差。这些学生是不适合出国的。

4. 时间管理能力

在中国的学校中，一个班的孩子有一个共同的时间表，一起上课、一起上自习，很少有自己支配的时间。作业基本上是今天留、明天交，考试前有专门的时间老师带领进行复习，基本上不需要自己规划什么。

在美国高中，每个人的时间表都是不一样的，每个人也都有一些自己自由支配的时间，例如自习课时间、不上体育课的时间（每个人参加体育课的时间、长度可能不同）等，很多老师留的又是长作业，可能几天甚至几周后才需要交。某门课考试前老师不会安排复习，需要自己安排，如果赶上别的课作业多又有体育比赛等，就根本没有时间复习。如果缺乏时间规划和管理能力，很有可能会让自己有时闲得没事干，有时又手忙脚乱、顾此失彼，影响了成绩。

5. 自控能力

在美国的校园中，存在一些比国内校园严重得多的问题，例如吸毒、酗酒、黑社会、性开放等问题，如果孩子自控能力差，很容易被一些"朋友"拉入泥潭。美国学校普遍的教育原则是自己为自己的行为承担后果，一旦发现违规行为会按校规毫不留情地处理。这时候哪怕孩子平时学习很好、家长苦苦哀求，都很难改变开除之类的严重后果。

还有一些问题，在国内并不算严重，但是在美国被视为很严重的问题，例如作弊、用语言威胁他人、欺侮他人等，一旦发现后果也非常严重。有些孩子在国内小错不断，学校也无可奈何，但是在美国可能就会成为后果严重、悔之莫及的问题。

6. 融入能力

国内的孩子很多是独生子女，有些孩子在家里娇生惯养、性格霸道，难以和别人合作、融合。一旦独自到美国学习，不管是在寄宿家庭还是在寄宿学校里，与不是家人的人一起生活，孩子需要更多地承担责任和包容他人。懂得考虑别人的感受、愿意帮助别的孩子往往很受欢迎，而只顾自己、总觉得所有人都应该让着自己、事事都要争先的孩子最后往往被孤立，在集体中也会感觉很难受。

7. 自我心理调节能力

去国外留学，孩子面对的问题会很多，如果心理承受能力差的话，难保孩子心理不会出现问题。有一些孩子因为学习压力大、失恋、和寄宿家庭处不好关系等原因，出现了心理问题，甚至得了抑郁症，最终不得不退学。

总体来讲，有明确的学习目的和计划，英语基础良好，拥有较强的自制和自理能力，沟通及表达能力强，性格积极向上的学生更适合选择出国留学。

留学是一个挑战与风险并存的选择。建议家长从以上几个方面判断孩子是否适合留学，而不是匆忙做出决定。

1.2 读美国高中需要多少费用

去美国读高中对任何一个家庭而言都需要一笔不小的支出。那么从开始准备留学考试，到申请学校，最后去美国高中读书，全程一共需要多少费用呢？以下以申请寄宿学校为例，给大家计算一下。

一、申请准备阶段：大约为 32.3 万元人民币		
托福 5.7 万元	报名费 7000 万元	2017 年托福单次考试报名费用 1761 元。多数孩子会参加 2 ~ 4 次考试。按照参加 3 次考试计算，加上额外寄送成绩单每所学校 126 元人民币，共约 7000 元。
	培训费 5 万元	这方面每个学生的花费差异很大。最便宜的 48 小时的大班托福基础课程约 4000 元，而同等学习时间的 3 人小班课程约 3 万元，一对一辅导的费用一般从 500 ~ 2000 元/小时不等。一般公立学校孩子英语是基础水平，多数要经过基础、提高、冲刺三个阶段的培训，培训时间 100 ~ 200 小时。托福培训的总费用可能从 3 万 ~ 30 万元不等，这里按 5 万元计算。
SSAT 5.3 万元	报名费 3000 元	约 1500 元，多数孩子会参加两次考试，费用为 3000 元。
	培训费 5 万元	基础、提高阶段的班课一般在 3 万 ~ 4 万元，冲刺阶段为 1 万 ~ 2 万元。一对一课程约 700 ~ 2000 元/小时。按一般 5 万元计算。
维立克面试 约 3000 元	报名费 3000 元	根据选择的学校数量不同选择不同档次的套餐，大约 2380 ~ 3880 元。按平均 3000 元计算。
校园面试 约 8 万元	8 万元	虽然面试可以使用 Skype 面试，但由于竞争激烈，为提高申请成功率，现在越来越多的家庭选择到美国学校进行面试。主要费用包括往返机票、租车、食宿费用等。多数家庭这部分费用为 6 万 ~ 10 万元。如聘请顾问随同前往，需额外付费 8 万 ~ 10 万元。按一般 8 万元计算。
顾问费用 12 万元	12 万元	美高申请顾问费用 4 万 ~ 20 万元不等，也有个别"高端顾问"费用能达到 30 万 ~ 50 万元。按一般 12 万元计算。
申请费用 1 万元	1 万元	现在一般每个孩子会申请 10 ~ 15 所学校。每所学校申请费一般为 100 ~ 150 美元，总申请费约 10000 元人民币。
二、上学以后阶段：每年约 48.7 万元人民币		
学校收费 42.7 万元	学费 40 万元	寄宿学校的学费包含了住宿和三餐费用。目前多数寄宿学校的学费在 5.5 万美元以上，有不少已达到 6 万美元。并且这几年以每年 5% 左右的增速增长。其中中部地区费用最低，最高的是纽约、旧金山等东、西部大城市。折合人民币约 35 万 ~ 42 万元人民币。按 40 万元计算。

二、上学以后阶段：每年约48.7万元人民币		
	医疗保险 1.2万元	因寄宿学校为孩子在美国期间的法定监管人，一般都会要求必须购买医疗保险，一般为500～2000美元。按1.2万元人民币计算。
学校收费 42.7万元	杂费 5000元	书本费：美高课本有的一本就要上千元人民币。每年书本费300～800美元。 文体课程费用：学校里马术、高尔夫课程或网球、乐器等高级别课程需要额外收费。有些课程还需要购买相应的球杆、乐器、护具等器材，大约每年0～600美元。 洗衣费、软件管理费大约300美元（有些学校是免费的）。 杂费总计按每年5000元计算。
	捐赠费 1万元	美国学校的捐赠是一种传统，并不强制要求，可以根据自己家庭的经济情况酌情捐赠。多数一般家庭每年捐赠100～2000美元。按每年1万元计算。
自己支出 6万元	往返交通 4万元	美国寄宿学校一般每年有4个假期需要返回国内。机票最便宜是4000元人民币左右，但是在高峰期，如圣诞元旦假期，一次往返机票最贵可近2万元。总费用按每年4万元计算。
	生活费用 1万元	虽然寄宿学校的费用包含了食宿，但孩子还会有购买生活用品、服装、零食以及在校外用餐等费用。这部分费用每个人相差比较大。按每月150美元左右计算。
	通信费用 2000元	多数学生会办理每月20～40美元套餐，包含到中国不限量通话和短信及定额本地流量。按每月30美元计算。
	额外补习 费用5000元	有些学生因功课落后，或是想进一步提升GPA，需要课外找老师补课，在美国的补课费用一般为每小时30～300美元不等。有些学生趁假期在国内上美高课程，基本为每小时500～1000元人民币。按每年5000元计算。

1.3　申请美国寄宿高中应该如何规划

以准备 2018 秋季入学为例，入学前各项工作的准备时间规划如下：

	2017 年												2018 年						
	1月	2月	3月	4月	5月	6月	7月	8月	9月	10月	11月	12月	1月	2月	3月	4月	5月	6月	7月
1. 托福准备及考试	■	■	■	■	■														
2. 选择顾问		■	■	■	■	■	■	■											
3. SSAT 准备及考试					■	■	■	■	■	■	■								
4. 维立克面试							■	■	■	■	■								
5. 申请材料准备							■	■	■	■	■	■							
6. 选择学校									■	■	■	■							
7. 申请材料提交										■	■	■							
8. 参观学校及面试										■	■	■							
9. 收到录取通知														■	■				
10. 决定接受录取或争取补录															■	■	■		

1. 托福准备及考试：2017 年 12 月前

立即开始、越早越好，最晚 2017 年 12 月前向申请学校提交成绩。比较理想的安排是在 2017 年 6 月前取得理想的托福成绩，这样从暑假开始就可以转入 SSAT 的准备。很多成绩好的学生往往提前二三年，在小学高年级阶段就开始语言方面的准备了。

2. 选择顾问：2017 年 3—9 月

每年 3 月份上一年度的录取结束后，各家顾问机构都会立即开始下一年度的宣传，各家机构的发布会不断，可以借机广泛考察接触各家顾问机构。4—6 月期间可以多通过已录取的学生和家长重点了解一些顾问，进行进一步考察。最好 2017 年 7—8 月选择确定，最晚 2017 年 10 月确定，因为 11 月开始就需要确定选校名单、预约面试，最晚 12 月底前要完成面试培训和文书撰写。再晚各项申请准备工作就会比较仓促了。越早确定顾问，就可以更好地规划一些文体活动、公益活动等。

3. SSAT 准备及考试：2017 年 7—11 月

托福 80 分以上就可以开始进行 SSAT 培训，最晚不超过 2017 年 10 月，直至达到理想分数，最晚 2017 年 12 月前通过 SSAT 系统向学校提交成绩。

4. 维立克面试：2017 年 8—11 月

现在越来越多的美国寄宿高中要求进行维立克面试。维立克面试越早完成越好，因为维立克面试结束到出成绩要 10 个工作日，在选择完需要送成绩的学校后，维立克机构需要一周左右时间将成绩送到学校。而很多学校需要几天到几周的时间来审核录像，之后才能决定是否可以提供后续面试的机会。

5. 申请材料准备：2017 年 9—12 月

申请材料包括：课外活动材料，包括奖状、证书、照片、视频等；老师的推荐信，也包括一些体现自己特长的科目或课外活动老师的推荐信；在读证明、前三年的成绩单、存款证明；文书写作，包括标准文书及学校的个性化文书等。

6. 选择学校：尽早研究，最晚 2017 年 11 月确定

早期可根据对标准化成绩的预估，确定选校的大致范围。

分数基本达到目标后，或最晚 11 月（再晚有可能约不到面试），根据自己的成绩将选校的范围缩减至 10～15 所，基本确定。

7. 申请材料提交：2017 年 11—12 月

填写学校申请表格及缴报名费。多数学校要求 12 月 31 日前完成。

8. 参观学校及面试：2017 年 10 月—2018 年 1 月

面试预约最晚 12 月前进行安排，校园面试最晚 1 月完成，Skype 面试有可能晚一些。

9. 收到录取通知：2018 年 2—3 月

大部分学校 3 月 10 日左右发录取通知，也有的学校在 2 月初开始发提前录取通知。

10. 决定接受录取或争取补录：2018 年 3—5 月

学校一般要求收到录取通知后一个月内交定金和签合同。因此大部分在 3 月 10 日收到录取通知的同学需要在 4 月 10 日前决定是否接受。对于没有收到 offer 但收到 waiting 的学校，可在 4—6 月间争取补录。

1.4 申请顶尖美国寄宿高中需要什么条件

2006 年，中国在美国就读中学的学生只有 65 名，5 年后的 2011 年，这一数字增长了 100 倍，达到 6725 名。而再 4 年后的 2015 年，根据美国国土安全部的统计，在美留学的中国学生数量已增至 34578 人，10 年间增长了 500 多倍。而目前这一数字还在迅速增长中。虽然美国多达 3000 多所的私立高中可以吸收这么多的学生，可顶尖的学校，特别是顶尖寄宿学校本来规模就比较小，每所学校每年总共招生都不到 100 人，中国学生的名额只有几个，虽然近年有一定程度的增长，但是在报考人数成倍增长的情况下，仍无法避免录取率急剧下降的趋势。

很多家长或学生在准备申请美国寄宿高中的时候，听说有学校排名，立即就说："我们只去前 10 的学校！""我们就去前 30 的学校，否则就不去了！"这样说的时候，这些家长和学生在潜意识里其实有一个误解，就是觉得申请美国高中比较容易，毕竟能拿出这笔学费的家庭在中国还是少数的。况且孩子很优秀，在国内就是上的最好的学校，去了美国上个前 10 的顶尖寄宿高中还不是理所当然？

然而，实际情况是什么样的呢？

1. 录取率

某位多年从事美高申请的顾问曾感叹说，8 年前，她的一个托福 60 分的学生就进了一所很好的高中，而现在，同一所高中，托福 95 分是最底线。

2016 年北京市参加中考的人数为 8.3 万，除去其中报考中职的 2.8 万，报考高中的总人数为 5.5 万。按北京市排名前 10 的高中每个年级 10 个班，每班 50 人计算（实际上应超过这个数量），进入全北京前 10 名校有 5000 个名额，也就是说，报考高中的学生进入北京市前 10 名校的比例接近 10%。而在美高寄宿名校的竞争中，录取率已远远低于这个数字。根据 Findingschool 网站对于 2016 年录取情况的统计，前 10 名寄宿名校的录取率只有 1%～2%，前 50～60 名的学校录取率也只在 3%～5%。

2. 录取分数标准

多数美高学校都没有明确的录取分数标准，有些虽然有，但是远低于实际录取的分数，比如有些学校网站标明最低的托福分数要求是 80 分，但实际录取的学生都在 100～110 分之间。所以，实际录取学生的成绩更具参考价值。

以某培训机构 2014～2016 年对所培训学生的分数和最终录取学校的统计，可以看到当前的名校录取分数大致如下：录取前 10 名寄宿学校的，托福成绩多在 110 分以上，SSAT 多在 2300 分以上；录取 20～30 名寄宿学校的，托福成绩多在 105 分以上，SSAT 多在 2250 分以上；录取前 50 名寄宿学校的，托福多在 100 分以上，SSAT 多在 2200 分以上。

3. 学生来源及特长

分数只是一个基本条件。但是，很多中国孩子和家长以为托福、SSAT分数高，就具备了被名校录取的资格，申请的全部是名校。于是，每年美国寄宿高中发榜时，就会出现一批高分但"全聚德"（全部被拒绝）的学生。

实际情况是，几百个学生同时申请同一所学校，学校从考试成绩基本都够高（成绩差太多的情况下申请，基本等于白交一百多美元的申请费，所以申请的同学多数是分数达到基本录取水平的）的学生里只选择几个，那么分数之外的选择标准又是什么？我们先来看看这几百个竞争对手里都有谁吧。

首先是一些已经在美国就读的学生，包括读完初中的学生，或者想从美国走读高中转入寄宿高中的学生。这些学生的英语水平、对美国学校的熟悉适应程度显然远超国内学生，其中 Fay 等著名的寄宿初中的学生更是在学校名气、学生素质上很有优势。

其次是一些在其他英语国家，如加拿大、澳大利亚、英国、新加坡等读完初中，转向美国高中的学生。

再之后是国内大城市国际学校的学生，其中包括如北京的 ISB、BSB，上海美国学校、上海协和国际学校等非常知名的国际学校的优秀学生。

最后是数量最大的，来自全国各地公立学校的学生。其中如北京的四中、人大附中，上海的上海中学、上外附中，南京外国语学校，杭州外国语学校，深圳外国语学校，这些学校因出国人数比较多，学生素质比较高，在美国高中也有一定的知名度。

再看看这些竞争者本身的条件吧。在 Findingschool 网站上，随机选几个进行咨询的学生，看看他们的真实情况。

先看一些综合素质高的学生：

学生 A，来自美高，年级成绩 TOP，创建了一个在线的高中生女权组织，在国内几所高中有分社团，组织在线辩论、沙龙讲座等活动，目前正以一项性别研究方面的课题参加中国大智汇创新研究挑战赛（China thinks big）。有三个 varsity team（高级别体育队）的运动。

学生 B，来自澳洲顶级私立学校，澳洲数学比赛全校第一，语言能力强，英语流利，目前在学法语、德语、日语；滑雪全校第一，花样滑冰澳洲二级证书，擅长钢琴、古琴；学校学生会的 leader。

学生 C，来自国内国际学校，每次考试都是年级第一。学生会副主席，多次组织学校活动；喜欢写作，发表过小说；参与篮球、排球、羽毛球等运动。

学生 D，来自公立学校，连续 7 年班长，7 年总科成绩全班第一名。国家二级运动员，并有国际获奖。

学生 E，来自公立学校，拿过 3 次全校第一，每学期都能拿到奖学金，校三好学生，素描 6 级，电子琴 7 级，钢琴 10 级。

再看一些特长突出的学生：

学生 F，来自国内公立高中。初中 4 个学期 3 次年级第一，学校学科竞赛屡次获奖，AMC8 美国数学竞赛二等奖，班长、优秀学生干部。中国高中生美式辩论赛 7 次获奖，是目前全国总排名第一的辩手。组建了校辩论队，带队伍也获过奖。正在校外组建一个辩论俱乐部，还在运营一个校外英语俱乐部。

学生 G，6 岁学打高尔夫，每年参加 5~10 场青少年比赛，成绩突出，曾入选国家青少年集训队。2016 年获得由国家体育总局和中国高尔夫球协会主办的国家级青少年比赛3项冠军，目前青少年积分榜排名第一。

学生H，出身中国传统艺术世家，从小学习布袋木偶表演、制作和皮影表演，有国内外演出经验，曾为国家领导人、联合国教科文组织申遗专家等演出。特长爱好为音乐剧、英语、书法、视觉艺术设计、播音主持。

看着这些耀眼的成绩，我们这些普通孩子的家长只能望洋兴叹了，托福和SSAT已经有了高分，再加上上述的平时成绩和特长，哪一个拿出来都觉得该进顶级学校。可是为什么仍然有很多这样条件好的学生，在网上焦急地咨询为什么自己进不了顶级学校？美国学校到底想要什么样的人？都说美国学校申请中注重面试和文书，那么在这些不确定的考量因素中他们要看些什么？

4. 品质

以下就是美高要在他们认为优秀的学生身上看到的一些品质。

（1）英语的实际听说读写表达能力：同样高的SSAT和TOEFL分数，其真正的英语理解和表达水平可能相差比较大。而英语思考和表达能力是学术发展和社群融入的基础。现在，顶级寄宿高中对于英语的水平要求已经不是看托福分数了，而是要求基本上达到母语水平。也就是在思考上不受语言障碍的影响。

（2）学生内在的驱动力和自我管理能力：同样的考试分数，学生的主动性和自我要求程度是不一样的。国内有一些号称军事化管理的"高考工厂"式学校，高压下的确能培养出高分数的学生，但他们中相当一部分人在进入大学后，没有外在压力后就完全变了，更不要说很多名校、高分学生在工作后非常平庸的表现。而真正优秀的人才，靠着自身的目标、热情和自我驱动，在没有外力的情况下仍然能保持不断进步的能力。精英学校要的是这样的人。

（3）人际沟通协调能力和融入环境的能力：寄宿学校往往更为强调社群的作用。每个人都是社群的一部分，需要去适应。良好的人际沟通协调能力可以让你处于全新环境时快速调整好自身与其他个体以及和集体之间的关系，快速融入和适应，并为社群带来正面的影响。如果一个学生本身条件优秀，但是过于自我或是性格怪异，无法与周围人相处，对于学校来说也不是一个好的选择。

（4）承受压力的能力和解决问题的能力：美国高中相对于初中，压力明显增大。对于国际学生来说，还面临着适应新环境、远离家庭等诸多新的问题，缺乏足够的承受力的孩子，在心理上容易出现问题。

（5）给学校带来多样性的潜质：寄宿学校非常强调学生的多样性。他们之所以招收国际生，其中一个目的就是增强学校的多样性。这也是为什么早年中国学生申请名校时即使分数低也很容易被录取的原因，因为仅凭一个中国身份就可以在"多样性"这个条件上获得极大优势。而现在，中国学生数量的快速增长使得这个优势早就失去了，这就要求学生必须在其他方面体现你的特点和优势。包括性格特点、爱好特长、独特的经历等能够为学校增加某个方面多样性的因素，都有可能成为你的优势。

（6）成为精英的潜质：美国精英教育的目标，不是培养一个能考高分的人，也不是培养一个熟练掌握某种技艺的人，而是培养出一个能够推动社会进步的人。作为有着200多年历史的美国寄宿高中，始终坚持着精英教育的核心理念。这种教育理念非常关注的一点就是一个人和社会、和他人的关系，强调一个人为社会、为他人贡献的意愿和能力。学校在录取一个学生时不仅考虑你个人多么优秀，也会考虑你为学校、为周围的人，以及将来可能为社会带来的价值。所以，在寄宿学校面试的时候，常常问的一个问题是："你能为我们学校带来什么？"在他们的标准中，优秀不仅仅是展示出你自己会什么，还有你对周边的人和事的影响力或者说正向改变环境的力量。

第二章 / 02

漫漫托福路

第 1 节　托福，远难于我们的想象

第 2 节　要出国了，还要和考试较劲吗

第 3 节　一分付出，一分收获

第 4 节　83—83—83

第 5 节　托福不仅是一道门槛

第1节　托福，远难于我们的想象

托福成绩，是申请美高的第一道门槛。

在准备上课之前，我决定让乐乐先"裸考"一次托福，检验一下她的起点水平。乐乐从小就一直在上课外的英语班，从小学低年级时上的泡泡英语、精英英语，到高年级时的新概念、公共英语、三一口语，也拿到了若干证书。初中进入外国语学校后，乐乐的英语听说能力更是突飞猛进，走到哪里别人都说她英语说得很好，去美国参加夏令营沟通上基本没有障碍。因此，对于乐乐的水平我还是挺有信心的，我想，满分120分乐乐怎么也能考个70来分吧。那些培训机构介绍的案例，都是60、70分起步，很多孩子还是80、90分的基础呢。

然而成绩一出来我们就都傻了眼，总分51！而这其中，口语就占了18分，其他3门加起来只有33分，其中阅读最低，满分30分乐乐只得了6分，乐乐说那些文章她完全读不懂，就这6分还几乎都是靠随便选择答案蒙的结果。

看起来乐乐的托福准备之路远比我们原先想象的难啊。

我决定立刻给乐乐报一个专业机构的托福课程开始专门的培训。北京的托福培训机构遍地都是，特别是中关村新东方大楼周边，几乎每个写字楼里都驻扎着几家甚至几十家出国培训机构。走进每一家机构，墙上都会贴满高分学生的案例，一个比一个耀眼、诱人。而培训形式也有大班上课、小班上课、一对一、集中营（住在机构的宿舍，每天从早到晚都统一安排学习），搞得我眼花缭乱。

我通过打听周边的家长、各种出国群中的家长，选择了几家口碑还不错的培训机构。在选择大班、小班还是一对一课程时，我参考了一位美高学生家长的经验，据她介绍，大班学习主要适合年龄大些的大学生、高中生，他们自觉性和学习能力都比较强，课后的练习自己就可以完成。一对一虽然针对性强，但是一开始就上一对一课，孩子缺乏与别人的比较和竞争，同时费用上也会比较高。对于年龄较小的初中生来说，最好先上小班课程，既能有一对一的互动和针对性的指导优势，也能有同学间的比较和互相激励（但同学之间最好是水平相近），后期可以针对自己的主要问题再找一对一的老师。我觉得很有道理，于是决定先选择一个小班。

我在这几家机构中了解小班课程，其中一家机构近期有个基础小班听起来比较合适，已经有两名同学报名，都是高中生，但目前也都是50多分的水平。据机构介绍说凑够3人就可以开班，于是我马上给乐乐报了名。

托福课程班基本上都是分听说读写四门课，分别由四位老师上课，小班课程还多了一门单独的词汇课。每个周六上3~4门课，6~8个小时，整个课程将近3个月。乐乐开启了前所未有的勤奋模式，每个周六要上将近一整天的托福课程，周日做学校作业。平时每天晚上做完学校作业，还要用两个小时左右做托福的作业，其中背单词就要用掉1个多小时。而在这 3 个月中，以往一点额外任务都不愿意增加的乐乐却从没有抱怨，这在我看来真是不可思议。我想是因为出国的决定是她自己选择的吧。

3 个月以后，在 6 月份的考试中，乐乐取得了 66 分的成绩，提高了 15 分。虽说提高了不少，但仍远低于我们的预期。因为我听别人说过，从对托福考试完全不了解的裸考，到经过第一次培训，即使实际水平没有提高，仅凭对考试本身更加了解，至少能提高七八分甚至 10 多分。这么算下来实际水平其实并没提高多少。以这个速度，达到 90 多分感觉简直是遥遥无期。难道后面这半年多一直要持续这种状态吗？

第 2 节　要出国了，还要和考试较劲吗

这个时候，我一度有些失去信心，也有些疑惑：我们决定出国的原因之一，就是不喜欢国内各种标准化的考试（简称标化），以至于把时间都用在了为考试而学习上面。现在想出国，难道也要走这条路吗？如果乐乐这样坚持准备标化下去，可以预见，后面的将近一年会是多么辛苦。进入初三后本来就很忙，再加上还要准备托福、SSAT、面试、文书、课外活动——乐乐这个从来就很惜力的孩子，能承受这种压力吗？更何况，越来越多的牛校的"牛娃"也参与到申美高的竞争，这又是一场全国赛，我们的竞争对手不仅是北京的孩子，还有大量全国各地顶级名校的孩子。我们听到的申请成功案例中的孩子往往都来自牛校，这就意味着他们的学习基础和学习能力都超过我家的"青蛙"，我担心最后的结果很可能是乐乐费了一年多的劲，仍然拼不过人家，去一个垫底的学校。那么还需要付出这么多时间、精力、担心、纠结去做标化准备这件事吗？

这期间，我接触过的不少顾问，都提出了可以帮乐乐当年 9 月就进入美高的建议。6 月份时虽然当年的美高正常录取已经基本结束了，但是很多走读学校名额比较富余，容易录取，运气好的话，还有可能碰上不错的寄宿学校（正常情况下 6 月份这个时候寄宿学校早就录满了，录取的学生也都交了定金甚至交了学费，但也有可能出现个别人由于某种意外情况放弃定金，不去学校，导致名额空出的情况）。如果马上就能录取，就意味着孩子当年就可以去美高了，不必再经历下一年校内校外同时作战的辛苦，我们也不用这么焦虑地等待一年了。顾问说："这一年去了可以边适应边提高英语能力，何必花一年时间专门准备呢？更何况还要多花一年的时间读中学（美国中学是 2—4 制，国内是 3—3 制，如果在国内初三毕业再去美国读高中，中学总共就要读 7 年）。"这个建议对我的诱惑太大了，这期间，我差点就选定了一所不错的走读中学，只是在犹豫期间已经有别人抢先去了。

这个时候，也听到了另外一种意见。一位顾问对我说："现在我也可以帮你找一所学校立刻就去，很好找，现在就可以收到你的顾问费，对我来讲也更轻松。但我仍然建议你的孩子好好准备后再申请。因为现在遇到理想学校的可能性非常小，你不是根据孩子喜欢哪里、适合哪里去选的，而是哪里有名额你就去哪里，你连看看学校、选择一下寄宿家庭的时间都没有，一切全凭运气。今后 4 年孩子要在那里学习生活，你真的要把孩子的未来交给运气吗？而且准备的过程是非常必要的，不要指望去了美国后自然而然英语水平就提升了，大量孩子的经历已经证明这是不可能的，日常口语还可以，可学术英语去了后也要靠下苦力背单词、做练习提升，能自己在上课之余这样做的孩子毕竟是少数。为什么不在国内、在父母的陪伴和帮助下先完成这个过程呢？而且这个过程不仅仅是为了申请到学校，也是孩子成长和为美高生活做好准备的过程。"

我把各方的说法都告诉给了乐乐，准备听听她的意见，看她是愿意现在走，还是再继续准备。其实当时我的内心是倾向现在走的，我都感觉这种焦虑继续下去不知道自己是否受得了，我觉得一向怕吃苦的乐乐多半也会选择现在走。可乐乐却说："我想试一试，尽自己最大努力争取上一个理想的学校。即使将来没有考上好学校，也没有什么遗憾。"

乐乐的话让我这个做家长的一下子明确了方向：孩子都有这个决心，我还有什么可说的，那就坚定信心，放弃走捷径的念头，陪乐乐一起认认真真做准备！

我的一个朋友的儿子也在同一年申请美高。孩子在一所市重点中学实验班，成绩非常好，但是托福的成绩比较低。他们面临着和我们相同的情况：如果准备下去，孩子必须在初三繁重的课业压力下艰难地提升托福成绩。妈妈也在犹豫是否现在就走，而儿子却很坚决地说："既然打算去，我就好好地准备一次拼一拼看，别人能做到，我为什么做不到？"这和乐乐的情况何其相似！可为什么总是家长不能坚定反而是孩子目标明确呢？我想除了父母心疼孩子太辛苦外，也许还因为成年人更容易患得患失，总担心如果结果不理想岂不是白白投入了时间、精力和金钱？而孩子的想法却更加单纯。

从乐乐的决心中，我也看到了她的一些变化。以前她是不拿主意的，什么都是"都行"，总是我们在告诉她怎么办。而现在，在我们举棋不定时，她却很坚定地用自己的意见在引导我们了。

3个月的托福学习之后分数却没有提高很多，是方法不对？还是找的机构和老师不够好？后续该怎么学？我有些茫然了，不知道该怎么帮乐乐安排。而乐乐却说，虽然她觉得自己通过这3个月的学习，直接的提升有限，最大的成绩提升来自于背单词，而上的课程中的有些内容并不适合她，没有什么帮助，白白浪费了时间，但她觉得仍有几点非常大的收获：

一是了解了托福考试各科的基本要求和自己的实际水平差距。也明白了托福没有什么神秘之处，也不可能有什么秘诀，靠的就是实实在在提高自己的英语水平。

二是了解了背单词的重要性。过去，她觉得一周背50个单词都是不可能完成的任务，因为她们在学校一个学期也就要求背二三百个单词。但是在托福班上，要求的是每天刷200个单词。"刷单词"的意思是每天必须背会，逐一检查时每个单词都要通过。一本托福单词书中有几千个单词，就靠这样一遍一遍刷，来重复记忆。背单词带来的效果非常明显，在这次考试所增长的15分中，阅读一项就增长了9分，从6分提高到了15分。

三是明白了成绩是和投入时间成正比的。进入托福班时乐乐班里的3个同学都是50分左右的水平，而3个月后的考试成绩差距却很大。其中一个女孩得了78分，提升幅度比乐乐多了近一倍。她告诉乐乐，这3个月，她每天早上5点多起床，晚上11点多睡觉，一天除了吃饭上厕所，其他全部时间都用来背单词、做托福练习题。当然，这个女生是一所国际学校的高二学生，这个阶段学校里就是给出时间来让学生们准备托福，以便下学期开始申请大学，所以时间非常充足。而另外一个同学不太努力，只提高了几分。同样的起点，相差不多的学习能力，拉开差距的就是努力程度和投入的时间。这个事实教育了乐乐，也给了她信心。

所以，乐乐自己提出了下一步暑期学习的规划，她想找一对一的老师，能够针对她现阶段各科存在的问题提供有针对性的指导，上课不用太多，更多的时间是用来做练习和继续背单词。乐乐相信，在暑假里投入更多的时间学习，逐词背，逐句听，逐篇写，成绩一定会提升。

第3节 一分付出，一分收获

6月底学校期末考试刚结束，老师还在阅卷尚未正式放假，正是同学们最放松的时候，而乐乐已经开始转入暑期的托福学习了。

为了不把时间花在路上，我给乐乐报了一个线上一对一课程班。乐乐一星期上4次课，听说读写各上一次，每次两个小时。每次课后，每门课的老师会留一星期的练习作业。我和乐乐一起，制订了每一天的作业任务计划。乐乐每天在家除了上两个小时的线上课，还自己安排用6~8个小时完成一天的背单词和做作业任务。

乐乐这个暑假几乎一天没有休息过，直到暑假的最后一天参加了托福考试。这对于一向怕吃苦受累的乐乐来说是从来没有过的，她能坚持下来已经远远超过了我的预期。更重要的是，我发现她能够越来越清楚地分析自己的薄弱环节是什么，这个阶段怎样学习对自己最有帮助，哪个老师的水平比较高，哪个老师的风格和方法不适合她。她不再像过去那样被动地老师教什么就学什么，而是在主动地想自己需要学什么，需要老师教什么。

而一对一的学习方式确实能够更有针对性地提升成绩和能力。比如在阅读方面，在托福单词书已经背过7遍后，乐乐认为单词已经不是障碍，但是即使文章里一个生词都没有她依然还是读不懂，或者以为自己读懂了，但是一对答案发现自己的理解差很多。阅读老师帮乐乐分析了她的问题主要是语法，英语中有很多长句子，从句套从句，如果语法不过关，意思就很难理解。老师为乐乐设计了有针对性的难度较大的长句练习，结合练习，老师再进行讲解。到暑假结束时，乐乐在不限时间的情况下，托福阅读文章基本能准确读懂，题目大部分能做对了。

再比如写作方面。在前一个托福班里，写作老师毕业于国外名牌大学英语文学系，自己考托福作文是满分。他对于常见的写作四段式结构之类嗤之以鼻，认为写作应该不拘一格，用层层递进的逻辑结构分析问题才能有创新，才能得高分。孩子非常仰慕老师的学问，觉得很有道理。但是直到快考试了，孩子还是不明白怎么层层递进，怎么创新。这样的结果可想而知，经过 3 个月的学习，孩子写作的分数几乎没有提升。

而暑假里的写作老师在听孩子讲述之前的学习情况，又看了几篇孩子写的作文后，就明确地说："以孩子的基础和剩下的时间，要达到高分可能性不大，达到中等水平的最高分数，也就是 23 分左右是可能的；要达到23 分这个目标，不用考虑什么高级的词、花哨的句型、与众不同的结构，踏踏实实掌握最基本的文章结构、句子，语法不出错，就一定可以实现"。于是在这位老师的指导下，乐乐每天有条不紊地练习常用句型的中译英，总结分析写作中常犯的语法错误。经过一段时间的练习积累，乐乐写作的自信心明显提升，基本可以把意思表达出来，同时语法错误也明显减少。暑假过后的考试中，乐乐的写作一下子提高了 6 分，她非常高兴，暑假过后想再找那位老师继续上课，老师却说不用再花钱上课了，接下来只要继续按她的方法练习一段时间就肯定还有提高的空间。后来果然如这位老师所说，经过一段时间的自我练习，乐乐的写作成绩最终达到了 23 分。

在暑假这段时间，乐乐更加明确了老师的作用主要是指导，真正的提升主要靠的不是听课，而是练习。除了各科老师留的针对性的作业外，这一阶段乐乐最主要的练习工具就是 TPO。TPO 就是托福考试机构题库中以前考过而以后不再使用的托福考试真题，是最接近于真实托福考试的材料，目前大约有 50 套左右。我还为乐乐购买了 TPO 软件。软件完全模拟托福机考的形式和时间限制，可以在考完后自动判分，并给出译文和重点解释，以及帮助分析出错的题型，乐乐自己进行练习后自己进行分析，实在不懂的再问老师。

暑假前，顾问建议我们报了 8、9、10 三个月底的托福考试，预计 8 月底能达到 80 分以上，争取 9 月或 10 月的考试能达到 90 分以上，这样 11 月份就可以确定选校了。8 月底的考试结果也是非常令人欣慰的——83 分，达到了预期目标。两个月的时间提高了 17 分，而且这 17 分是实实在在的水平提升的体现。

第 4 节　83—83—83

然而，接下来的这段时间标化的准备却不那么顺利了。

9 月份我按照顾问的规划给乐乐报了一个 SSAT 班。虽然托福和 SSAT 都是英语考试，但考试方向却是不一样的。托福考试主要面向非英语母语的考生，特别是准备去美国读书的学生，主要考查的是听说读写的能力是否能适应上课的要求。因此，托福中的阅读文章多是介绍性的，逻辑清晰，词汇也偏重于学术类的常用词汇。而 SSAT 本身是面向美国学生的测试，虽然很多人把它叫作"美国中考"，但我觉得并不像中国的中考一样是一种"知识考核"，只是考查教学大纲里的内容。SSAT 更偏重于能力测试，考查的是美国中学生的词汇、阅读能力、逻辑分析能力，是开放性的考试，并没有教学大纲之类的考试范围，所以即使对于美国学生来讲也是比较难的。虽然其中数学部分对于中国公立学校的初三孩子来说比较简单，但是，在词汇题部分出现的词汇，对于美国学生来说都是很少见的；而阅读部分的文章即便美国学生都不一定能准确理解，比如小说中一些特殊写法的描述、散文、诗歌等，这些是需要长期的阅读积累的。通过短期的上课学习，提升幅度其实有限。在 SSAT 班上，提升成绩的最有效方法是靠硬背单词来提升词汇部分的分数。

乐乐开始了学校、SSAT、托福同时作战的模式，在学校上课、SSAT 上课、背 SSAT 单词和完成作业之余，仍然坚持做托福 TPO 的练习，由于时间非常有限，托福的练习量少了很多。从当时的情况看，我估计 9 月份的托福考试不会有多少提高，但最终的成绩依然是与上次相同的 83 分，也还是让我多少感到有些意外。我安慰乐乐说，这段时间毕竟主要精力在 SSAT 上，先准备好 SSAT 吧，本来也预期不会提高太多的。

10 月初乐乐参加了第一次 SSAT 的考试，原本想如果这次 SSAT 成绩比较满意的话，后面的时间就可以继续用来准备托福，争取 10 月底的托福考试突破 90 分。可这次 SSAT 考试成绩并不理想，所以 10 月份只能继续备战 11 月份的 SSAT 考试。10 月份这一个月，乐乐仍然继续同时准备托福和 SSAT。10 月底托福成绩出来，真让人有些哭笑不得，竟然不多不少，连续第三次 83 分。

第 5 节　托福不仅是一道门槛

这个时候乐乐和我都有些着急了，焦虑的感觉再次袭来。因为顾问告诉我们，11 月份要确定选校，并开始和学校预约面试，否则到 12 月份有些学校就有可能约不上了。顾问之前对于乐乐的预期是托福至少 90 分，争取 100 分，所以按学校以往录取学生的托福分数，按冲刺、匹配、保底三个档次挑选的是托福门槛分别为 100 分、90 分、80 分的学校。可是如果只有 83 分这样的分数，之前的备选学校中有一半都得重新调整。难道托福成绩就此止步，再也不可能提升了？

11 月份的 SSAT 乐乐考到了 75%，顾问说 SSAT 的成绩算过关了，但托福成绩还需要提高到 90 分以上。11、12 月份乐乐开始一边准备文书和面试，一边继续准备托福。而我也赶紧给乐乐报了 11、12 月的托福考试。这样算下来，半年里几乎月月考托福，光报名费就近万元。之前看网上说托福不要总考试刷分，我也觉得没必要。可现在才明白，多次考试不见得是因为想刷分，也可能是像我们这样，心理预期过于理想，才不得不一考再考。

11 月底考试那天我猜想乐乐肯定很紧张，尽管我也觉得压力很大，但仍然宽慰她说，这个月仍然有一半时间在准备 SSAT，可能托福还是不会提高多少，不过没关系，我已经报了下个月的名，12 月没有别的事了，好好准备托福，一定会有提升的。乐乐那天有些感冒，考完后说头有点蒙，听力和口语感觉没有考好。我的心凉了，感觉这次又完了。

成绩出来那天，我在网上查成绩的时候手都有些哆嗦了。当看到"94 分"这个成绩的时候，我几乎不敢相信自己的眼睛，反反复复看了好几遍。放学回来的乐乐听到这个消息开心极了。

我相信从上个月的 83 分到这个月的 94 分提高的 11 分，并不是这一个月的飞跃，而是这三个月坚持不断努力下，从量变到质变的过程。很多事情在努力的过程中，虽然暂时没有看到结果，却并不代表没有结果，如果失去信心而中途放弃，那一定是非常可惜的。

顾问听到这个消息也非常高兴，因为成绩出来，就可以启动后续申请工作了。全部申请资料的提交只差提交托福成绩给学校这一步了；选校名单也终于确定，可以开始和学校预约校园面试了。

乐乐仍然去参加了12月份的托福考试，拿到分数时我们已经在陪乐乐到美国参加校园面试了，96分，我问顾问是否需要把这只多了2分的成绩提交给学校，她说当然需要了，虽然只差2分，但是正好涉及95分这道槛。于是，我们赶紧向申请的各个学校补交了这次成绩。

至此，漫漫托福路终于有了一个比较圆满的结局。96分，对于很多基础好的"牛娃"来说可能只是一个起点成绩，可是对于我家的"青蛙"，我知道这个分数里包含了多少努力和付出，也承受了多少压力。我清楚地记得，在乐乐托福只有51分的时候，我曾听过一个家长的经验介绍讲座。当她轻松地说到"其实托福成绩并不需要花很多时间准备，不必考太高"的时候，还稍稍觉得有一点宽慰，可紧接着就听她说："我家孩子都没上托福课，直接去考了一次就得了95分，我觉得考一次就够了。"我认识的一个从小在国际学校里学习的优秀生，初中就参加了高中生的全国英语辩论赛。她只上了几天托福课就考出100多分，再上了一个寒假班就考到110多分。我都能想象出培训机构会把这样的案例标上"只在我们这里上了多少节课就考到了110分"这样诱人的标题，却不提人家的起点和基础如何。

这些宣传对于公立学校、没有针对出国留学进行过英语准备、英语水平比较低的孩子及家长来说，真是一种盲目乐观的误导。而对于已经开始学习、发现托福准备远不像之前宣传得那么容易的孩子和家长来说，又是对信心彻头彻尾的打击。在乐乐申请结束后，我遇到过不少在准备托福的过程中，对比别人那些高大上的分数几乎丧失了信心的孩子和家长。每次我都会用乐乐的经历鼓励他们，不要相信那些只要花钱请最贵的老师、上最贵的班就能短期提升的神话，也不要觉得那个老师教出了考110分的孩子自己找他就也能考 110 分，主要还是靠自己努力、踏踏实实学。乐乐可以在 9 个月内提升 45 分，我相信学习能力更强、更努力的孩子可以用更短时间提升更多。

从后来的情况看，我非常庆幸我们当初做了努力准备托福的正确选择，而不是逃避或走捷径。后来接触的不少申美高的家庭，其实都经历了这样一个纠结期，犹豫着是否要这么辛苦，是否可以走捷径，有的甚至想用一些作弊的方法让孩子不努力就取得好的成绩，而这样做是否真的就能走捷径了呢？

乐乐在面试某美高学校时，按照学校安排，跟随一个九年级的中国学生一起去上课，以体验学校的学习和生活。这个中国孩子通过某种捷径考了超高的 SSAT 分数而被学校看中，但在进入学校后，因为英语基础不能达到与美国孩子一起上课的程度，就被分到了专门为国际学生设的补习班。乐乐和她一起上课后说，这个班上只有两个中国学生，讲的内容比国内学校的英语课还简单，实在没有意思。

我认识的一个孩子运气极好，在 6 月份的补录阶段意外得到了一个名校的补录名额，以托福 80 多分的成绩，进入了一个正常录取时至少需要 100 多分的美高名校，简直是天上掉下的馅饼。在孩子入读后，有一次我见到孩子的爸爸，问他有什么可以分享的经验，他说孩子的压力非常大，英语水平明显比周围同学差，紧张上课之余自己还要在课外补英语。最后他说："就两句话告诉你的孩子：一，没有什么捷径，出来混，迟早是要还的！二，出国前，怎么准备英语都不为过！"

从乐乐到美高后学习的情况看，我非常赞同这两句话。现在我把这两句话也送给正在准备托福的学生和家长，同时也补充一句我的切实体会：托福不仅仅是一道录取的门槛，更是孩子在美高顺利学习的保障。

<u>干货分享</u>

2.1 托福考试简介

托福考试，也就是 TOEFL，全称为 The Test of English as a Foreign Language 即"检定非英语为母语者的英语能力考试"，由美国教育测验服务社（ETS）举办。"新托福"也就是 TOEFL IBT，即 Internet-Based Test，即基于网络的托福考试。目前，几乎所有美国寄宿高中、部分走读高中都要求学生申请时提供托福成绩。托福在中国多个城市共有 100 多个考点，每个月都有考试。

考试内容

托福 IBT 考试使用英语命题，考试内容分为四大项：听力、口语、阅读和写作。考试总分为 120 分，每部分 30 分。整场考试约需 4.5 小时。从考试内容上来说，托福考试采用的语言内容和场景来自北美大学校园的诸多真实场景，内容涉及教育、人文、商业、工程技术、自然科学和社会研究六大类。尽管每一大项侧重一种语言技能，但是一些试题需要考生将多种技能相结合，例如：听录音或阅读文章，然后口头回答问题；阅读、听录音，然后写出概括内容的作文。下面分别具体介绍托福 IBT 的四大考试项目的内容。

1. 阅读：阅读部分考试时间为 60 ~ 100 分钟，包括 3 ~ 5 篇文章，每篇大约 700 个单词，每篇对应 12 ~ 14 道试题，也有图表题、篇章总结题等。

2. 听力：听力部分的时间大约是 50 分钟，共包括 34 道试题，包含两个对话（conversation）和四段课堂讲解（lecture）。每个对话时长 2 ~ 3 分钟，对应 5 道试题；每段讲解时长 4 ~ 6 分钟，对应 6 道试题。

3. 口语：口语部分总时间约为 20 分钟，共有 6 道题。其中 1 ~ 2 题为独立口语题，考生需要根据自己的见解或经历来回答问题。3 ~ 6 题为综合口语题，要求考生先阅读一段文字然后再听一段与其内容相关的听力材料，最后考生按照要求回答相关问题。这部分需要考生将听、说、读各种能力结合起来，因此称为综合口语。

4. 写作：写作部分共 50 分钟，包含综合写作试题与独立写作试题两道题。其中综合写作考生首先需要阅读一篇学术演讲，然后听一段约 2 分钟的课堂讲解，考生有 20 分钟的时间来总结听力材料中的要点，并解释这些要点与阅读材料中的要点有何不同。独立写作试题要求考生根据自己的知识和经验陈述、解释并支持对某一问题的某种看法，在综合写作之后进行。独立写作限时 30 分钟，字数要求最少 300 字。

报名考试

需在教育部考试中心托福网考报名网站（http://toefl. etest. net. cn/）上进行注册。需要注意的是，一些热点的时间、考场需要提前几个月报名才有考位。例如暑假刚结束的 8 月底，申请截止前的 11、12 月份，或者考场少的省份以及交通方便、条件设施比较好的考场等。需要尽早计划。

考试成绩

ETS 说明中的托福考试出分时间是 15 个工作日，但一般在考试结束后10 天左右就会出分，有时受到美国公共假日的影响会有所延迟。在报名网站登录后选择"查看成绩"即可以看到自己的成绩。纸质的成绩单会在考试后 8 ~ 12 周寄送到事先填好的地址。

由 ETS 直接将成绩单寄往申请的学校才是有效的。每个接受托福成绩单的美国大学或中学都有自己的托福考试送分代码，考生只要选择了你要申请的学校的送分代码，ETS 就会寄过去。托福成绩邮件递送在美国需要 7 ~ 10 日，而在其他地区，邮件递送需要更长时间。为了不影响申请，要尽早选择送分。

2.2　SSAT 考试简介

SSAT 全称为 Secondary School Admission Test，它是美国中学入学考试委员会 SSATB（Secondary School Admission Test Board）命题的考试。SSAT 主要测试学生的数学、词汇以及阅读理解能力，考查考生的逻辑思维和发展潜力。主要用于美国、加拿大私立中学的入学。目前有 1000 多所美国私立中学在录取过程中把 SSAT 考试成绩作为衡量申请者的标准之一。

针对不同年龄的学生，SSAT 考试分为低级、中级、高级，目前中国仅开放中级（针对目前就读 5 ~ 7 年级的学生）和高级（针对目前就读 8 ~ 11 年级的学生）考试。

SSAT 考试内容

中高级考试时间分配是一样的。顺序为：写作 25 分钟，休息 5 分钟，数学（1）30 分钟，阅读 40 分钟，休息 10 分钟，词汇 30 分钟，数学（2）30 分钟。共计 2 小时 50 分钟。

1. 写作

写作部分要求考生通过例子来支持或反驳一个观点。所举的例子可以来自个人经历、历史、文学等。这部分内容不计入总分，但会随其他部分的成绩寄送到所申请的学校。校方会根据需要，对之进行评估，并作为录取的参考依据之一。比如学校有时候会将 SSAT 考试中现场写的作文与申请文书的写作水平进行对比来验证申请文书的真实性。

2. 数学

数学部分考查学生解决实际问题的能力，涉及计算、基础代数、几何和数学的基本概念；数学两个部分的考试各25题。题目中不会有复杂的精确计算，但是考查估算能力，计算器不允许带入考场。数学两个部分的难度和范围完全一样，在数学两个部分之间插入其他部分，是为了让考生在考试过程中有调整的时间。

数学部分的考查内容均不超出国内初中教学的知识点范围，对中国学生来讲其难点在于：由于采用全英文命题，需要学生熟悉数学词汇术语，并正确理解应用题的题意。

3. 词汇

词汇部分考查学生的词汇、推理和逻辑思维能力；这部分共60道题，具体又分为：30道同义词题、30道类比题。

同义词题是对词汇量的直接考核，方式是在5个选项中找到与题目词汇同义的词汇选项。选项之间经常在词义、拼写上存在相似，要求学生能够识别题目和选项的所有词汇，并能够区别词汇之间语义色彩的细微差别。

类比题是在题目中出现两个词汇，需要学生在选项中找到与题目存在同样逻辑关系的一组词汇选项。比如某道题题干中给出的是"frog 对toad"，则答案可以是"turtle 对 tortoise"。在一些 SSAT 培训中，对于这种逻辑关系可以归纳出十几种，需要学生既熟悉这些逻辑关系，同时又认识各选项中的所有词汇，只有这样才能迅速做出判断。

词汇部分首先考核的是词汇量，一般要求达到7000个单词的水平，而要想取得好成绩则要在9000词汇量以上。这远远超出了国内一般英语学习的要求。词汇部分也在一定程度上考查了学生的逻辑、推理能力。这对于英语非母语的中学生来说难度很大。

4. 阅读

阅读部分考查学生对所读文章的理解能力。阅读部分考试时间为40分钟，共40题，一般考7~8篇文章，长度通常为250~350个单词，来源非常广泛。常考的文章体裁包括了叙述类（节选小说、诗歌、短篇故事或者散文）和议论类（对某一话题的明确观点论述）；内容范围包括人文、艺术、科学、社会等方面。考查题型有：主旨题、细节题、推断题、词汇题、目的题、语气态度题、观点题、预测题等。

SSAT 成绩评定方法

SSAT 考试中除写作外，均为选择题。与国内大部分选择题考试不同的是，SSAT 考试中对于答错的选项是会倒扣分的。例如在有五个选项的选择题中，考生每答对一题得一分，每答错一题扣四分之一分。如果不答题，则既不加分也不减分。

以8~11年级的高级别考试为例，数学、阅读、词汇三个部分的单项成绩为最低500分，最高800分，三项相加的总成绩为1500~2400分。

换句话说，即使你交了白卷，也是可以得到1500分的。这和我们一般考试最低为0分是不同的，有些人不太清楚这点。例如有人考了1700分，如果按最低为0分来理解，相对于2400分的满分，似乎得到了70%的分数，然而实际上这个成绩的含义是在应得的900分中只得到了200分。

SSAT的成绩单中，除了成绩的绝对分数外，还给出了数学、阅读、词汇单项成绩以及总成绩的百分比（1%~99%）。百分比的意思是，这个成绩在近三年同年级、同性别的全球考生中超过了多少同学。例如，很多中国学生的数学都是满分，百分比这一项就是99%，也就是你在近三年全球同年级同性别考生中超过了99%其他同学。另外，两个不同年级的同学考了同样的绝对值分数，但是低年级同学的百分比成绩很可能高于高年级的同学。

在中国学生中，总成绩超过75%就是比较好的成绩了，但是许多申请顶级寄宿中学的同学SSAT成绩都达到了99%。也就是说，这些同学不仅在数学方面，在词汇和阅读方面也超过了99%的美国学生。

注册和报名

SSAT网站系统为http://www.ssat.org，需要注意的是：SSAT考试的身份证明是护照，考生注册时填写的姓名一定要与考生考试时使用的护照上的姓名拼写保持一致。

SSAT考试时间安排以年度为单位，从8月1日至次年7月31日，提前公布全年考试时间。全球全年共8次考试，考生可以参加全年所有的8次考试。在中国，可参加SSAT考试的城市包括北京、上海、广州、重庆、武汉、南京6个城市。

SSAT 成绩查询

SSAT考试成绩报告通常会在考试日后两周左右陆续发到考生的个人在线账户。如果在考前已经添加了送分学校，那么学校也将在成绩可查询的第一时间收到学生的成绩报告。

2.3　维立克面试简介

近年来，由于来自中国的申请者迅速增加，美国寄宿高中招生办无法为这么多申请者安排面试，于是维立克面试应需而生。维立克面试是指由维立克公司在国内对申请学生进行面试后，将考生的录像和评分发往考生准备申请的学校，学校对录像进行初步审核后，筛选出可以安排下一步学校亲自面试的学生。

截至 2017 年 3 月，和维立克合作的高中已经有 91 所，其中美国寄宿高中有 60 多所。越来越多的美国高中已经将参加维立克面试作为学校面试前的必须环节。也有个别学校直接用维立克面试替代了学校的面试环节。

维立克在北京、上海、深圳、成都、广州等 14 个城市指定日期统一安排面试。具体可根据网站上的时间地点进行选择。需要注意的是：维立克面试一般只能够安排一次，大部分的学校都不接受二次面试，所以要做好充分的准备才去预约。

维立克的面试流程和内容

面试流程包括写作和面试两部分。

第一部分：写作测试，时间为 30 分钟。学生在三道题目中随机抽选一道进行写作测试，测试为手写。写作题目比较开放，例如："没有科技世界会变成怎样？""如果你自己办一所学校，你要如何设置学校的课程？"

第二部分：面试，时间约为 10 分钟。外籍面试官将对学生进行面对面的测试，并将对面试进行全程录像。整个面试过程分为以下四个部分。

第 1~2 分钟，热身问题。多为比较简单的日常沟通，如自我介绍。

第 2~3 分钟，图片对比。一般考官会给考生出示两张图片，然后让学生对图片进行描述和对比，其间面试官也会做一些相应的引导，例如："图 1 是孩子在广上吹泡泡；图 2 是在笼子里的动物，问题是：你比较不喜欢哪一幅图，并说明原因。"

第 4~6 分钟，深入交谈。题目例如："你是如何放松的？""过去几年当中令你最开心的事情是什么？"

第 7~8 分钟，中文问题。例如："你认为人应该具有的三个品质？"

"如果你要拍有关中国的纪录片，你的切入点会是什么？"这些中文问题主要是考查在排除了语言影响后学生的思考和表达能力，事后维立克公司会加上英文字幕后送往学校。

第9~10分钟，自由表达（可选）。

考试当天需要注意的事项

因为面试全程录像，学生应注意头发及衣着是否整齐，最好着正装。由于面试房间的背景是黑色的，为了提高录像效果，应尽量避免穿深色、细条纹、小格子衣服。不允许有影响面试效果的装饰品，如围巾、面罩、口罩、头饰和首饰等。

面试中要放松心情，保持笑容。面试前几天应面对镜子或镜头提前进行一些练习，避免眼睛乱看、手乱摸等录像中看起来比较明显的小毛病。

维立克成绩

通过录像，学校会考查学生的口语流利程度，真实的写作水平，以及逻辑思维能力。

同时，维立克公司从英语口语交流能力的角度给出一个评估分数（SEE），其成绩范围为0~6分（精确到0.1分，例如4.3，2.2），供学校参考。

依据学生购买的面试套餐的不同，维立克公司会在面试后的第五或第十个工作日将面试结果发送邮件通知学生，并将录像和评分送往学生之前已填送分的学校。学校会审阅视频并通知学生是否通过了审核。

有些学校会参考SEE成绩直接淘汰一批分数过低的学生，更多学校只将SEE成绩作为参考，主要根据自己审核面试录像来决定是否通过。

由于学校审核维立克录像可能时间比较长，特别是进入申请工作比较集中的 10、11 月份，所以最好尽早进行维立克面试并将结果提交学校。随着时间接近申请截止期，提交维立克的学生也会越来越多，竞争也会更加激烈。同样的分数，申请早的学生通过了审核，但是在申请后期提交则有可能通不过审核。

第三章 /03

申请，如何打造那个独一无二的你

第 1 节　这也能算特长?!

第 2 节　把生命投入到喜欢的事情上

第 3 节　我的孩子原来如此优秀

第 4 节　表达自己

第 5 节　我就是我

第 1 节　这也能算特长？！

在开始进行申请准备工作时，申请顾问就告诉我们，在申请中除了在校成绩和标化成绩，另一个很重要的因素就是要在课外活动方面体现个人的"特色"和"亮点"。

这听起来似乎并不陌生，不就是"特长"嘛。在乐乐上小学时，为了升入一个理想的初中，我们就曾经试图能靠"特长"多一条路。为此，也曾报过不少的特长班，学过很多东西。无奈一来乐乐确实在音体美方面似乎没有什么突出天赋；二来乐乐似乎也没有对哪项活动特别喜欢、一直坚持。在小升初时我们已经试图搜集乐乐的特长了，但结论是——一无所"长"。

乐乐也参加过几个奥数、作文比赛，可最高也就是市级的奖，从没有什么傲人的"全国奖"；各种体育项目从小到大倒是参加过不少，但都是作为兴趣参加，也没有任何可以拿得出手的"证书"；虽然喜欢戏剧，参加了戏剧社，但演的并不是主角，也没有参加过任何"露脸"的活动，连学校的文艺汇演也没有参加过；班干部最大只当过卫生委员；从来没有创建过任何课外组织，也没有在任何课外组织里担任过体现"领导力"的角色——唉，不管从哪个角度看都实在太一般了啊。不光是学习成绩、标化成绩，从课外活动讲，我们也是太一般的小"青蛙"了啊。

可是小升初时没有特长也只是不走"特长生"的路而已，而申请美高，"课外活动"是一个必需的环节，我们可怎么办呢？难道要像一些人说的，"编造"出一个特长吗？

顾问和乐乐就兴趣特长进行了一次长谈后告诉我，她觉得乐乐比较有特点的特长是"手工"。手工?! 即使我们在翻来覆去找乐乐的特长时，也从未把手工纳入其中，因为在这方面，乐乐既没有参加过什么培训班，也没有拿着作品参加过什么比赛，怎么能算特长呢？于是就有了我和顾问的这样一次对话。

我："手工真的能算特长吗？"

顾问："当然算特长了。在美高申请中所说的特长，并不仅仅是拿出在某方面取得的成绩。在某个项目上有突出成绩的孩子确实有，但毕竟是少数，多数孩子参加活动是取得不了这样的成绩的。学校申请时，更重要的是通过活动，从一个侧面看到一些校内学习成绩反映不出的孩子的特点。"

我："那手工又能说明乐乐的什么特点呢？"

顾问："说明她动手能力强啊。不要小看了这一点，中国孩子普遍动手能力差一些，女孩子更是，而乐乐在这方面可以突出出来。"

可我心中还是疑惑，对于幼儿园小朋友来说手工算是挑战性的，可对于一个初中生怕是算不上什么优势吧？但我仔细回想，手工倒是可以算乐乐坚持时间最长的爱好了。小的时候乐乐总让我买些手工类的材料回家自己做，大一些时就常常自己搞些创作出来，只不过那些"作品"在我的眼里都是不务正业、浪费时间而已。

第2节　把生命投入到喜欢的事情上

这次谈话后，乐乐兴奋地告诉我，顾问建议她做一系列以废旧物品为原材料的手工作品，她已经想好，准备先用矿泉水瓶做几个。既然这是个"正事"，我就同意让乐乐拿出了宝贵的半天时间专门做。半天时间里，她都在自己的房间里忙乎，兴致勃勃。几个小时后乐乐叫我进房间："我已经做好了三个作品！而且是不同类型的。"我看到，一个作品是纯装饰品———只小猪，瓶子是猪身，瓶盖是猪嘴（瓶盖的形状就像噘起的嘴），乐乐又用硬纸画了猪嘴和腿，甚至还有个小猪尾巴，粘在瓶身上，一个可爱的小猪就摆在那里，还挺活灵活现的。第二个作品是一个实用性的笔筒。水瓶做笔筒倒没什么出人意料，乐乐介绍说她的重点是把瓶子的上半部分剪成了一条一条的，并卷成了螺旋状，变成了花篮一样的形状，瓶身又用彩笔和彩纸按她自己喜欢的图案和文字进行装饰，放在她的书桌上就成了一个个性化的笔筒。第三个作品是个渗透式花瓶。她把一个瓶子的上半部分剪下来，反过来套在下面的瓶子里，植物放在上面部分，水放在下面部分，调整水的高度和土的密度，可以让水缓慢地渗透到上面的花盆里。

我惊讶地问："这些都是你现想出来的吗?"她说不是，她经常脑子里就想着这些，只不过没有时间去实践。难得今天有半天的时间可以专门用来干这些，就一下子都做出来了。

乐乐又兴奋地和我说了她另外的设想，比如用废纸箱做桌子椅子，用我的化妆品的废包装纸、丝带来做一些个性化装饰的笔记本。这些虽然都不是什么高难度的东西，但是，一直觉得乐乐没有什么"爱好"的我却发现她是真的喜欢这件事，而且她的动手之快确实超出我的想象。

我感到有些惭愧了。孩子对一件事情有着极大的热情和兴趣，顾问通过一次谈话就发现了，而我这个当妈的却没有察觉。细想起来，还是因为我的想法一直比较功利。在我心目中，除了学习，所谓的兴趣爱好都是那种可以拿到证书、参加比赛的那一类，这些学了还"有用"，否则就是浪费时间，所以对于手工这件事我从没有在意过。我一直觉得家长在教育中不应该太功利，但没想到自己潜意识里却一直就是这样的。

更让我惭愧的是当我看到数学老师的推荐信的时候。请数学老师写推荐信时我告诉老师想到什么就写什么，并没有事先沟通内容。然而当老师把推荐信的草稿发来给我看时，其中一条竟然是"动手能力强"！老师在推荐信中还举出了具体的例子：在学习立体几何部分的时候，课堂上经常要通过折纸或一些模具组成一些形体，帮助学生理解立体形状。乐乐总是班里第一个完成的，而且在方法上经常会有一些与众不同的创意，这点给老师留下了很深的印象。一个班里几十个同学，数学老师也不是班主任，却能对这个细节留下印象，说明这还真是乐乐不同于别的孩子的一个特点，而我们作为家长，却没有留意过。

受她们启发，在我写的家长文书中，我也描述了一件和手工有关的真实的事情：一天我因为乐乐的一份作业做得太不认真而很生气，要求她撕掉重新写，我说得比较重，看起来她要哭了。她回到自己的房间，我先是听到撕纸的声音，然后很久没有动静。我有些担心，也有些后悔自己说重了，正要进去安慰她，她却捧着一个东西出来了，兴高采烈地对我说："我撕了旧作业，正对着它们生气，忽然，那些被撕成各种形状的纸激发了我的灵感，我用撕成的纸条做成了一个创意灯罩，你看是不是很独特，还挺漂亮的!"我愕然了，简直有些哭笑不得。当时的我可没发现什么她对于手工的兴趣，而是觉得："这孩子，也太没心没肺了吧。"

而现在，当学校要求家长在文书中描述"你孩子的特点"时，顾问从我提供的很多素材中选择了这件事让我写，当然，我并没有把我当时不以为然的想法写进去。

我从中逐渐纠正了申请过程中对于"课外活动""特长"的理解。对于普通孩子来说，"特长"并不一定是"成绩突出"，更多是说孩子的特点，与别人不同的地方。"课外活动"也不仅是为了说明干了什么，而是借此来体现孩子的特点。同样一个手工的事情，乐乐在课外活动介绍材料里提出，是为了说明她是一个有自己的兴趣爱好、有动手能力的孩子；数学老师在推荐信中的介绍，则说明了乐乐在课堂上思维敏捷、有创新能力；而作为家长的我提到这点，除了再次验证乐乐有着这样一个真心喜欢的爱好外，也从家长的角度说明了孩子具有自我调节情绪的能力。这一点对于一个远离家庭、生活在同龄集体中的孩子也很重要。

第3节　我的孩子原来如此优秀

写家长文书时，按照顾问的要求，我搜肠刮肚地想出了所有乐乐的优点，并且每个优点都用具体、真实的例子来说明。在这个过程中，我越来越觉得，乐乐竟是如此优秀，而我之前怎么就没发觉呢? 以前我总是从"好学生""人家孩子"的标准出发，看到的都是自己孩子的不足：成绩没那么优秀，没有特长，性格不活泼，个性上也没有闯劲。可现在强迫我去看自己孩子的长处时，我发现的却是：乐乐其实很聪明也很有主见，她不会全盘接受老师和家长的想法；对于自己认准的事情，她非常愿意付出自己全部的努力；兴趣爱好广泛，愿意去尝试新鲜的事情；有创意，动手能力强；有商业头脑，上小学时就自己"创业"开网店，班里买东西砍价的事总是交给她；最突出的是性格开朗，亲和力强，非常乐观，班里有一次搞活动投票选班里"最_____的人"，乐乐以绝对优势获得了"最愿意与之聊天的人"。

在美高申请准备的过程中，我也开始慢慢调整自己的想法，由总是发现孩子的短处、缺点，总在督促、推动她向我理想中的"优秀"去发展，转变为静下来，仔细发现自己孩子的特点和优点，并且真心地欣赏她。这个过程让我充满欣喜，越来越少焦虑，越来越有信心，我相信，我的孩子这么好，一定会有一个好的未来，我们要做的，就是帮助她找到适合她的路，把她的优势充分发挥出来。

第 4 节　表达自己

顾问第一次和乐乐单独交流后，就很有信心地告诉我："我预感这个孩子会在面试环节出彩！"这话让我很意外，因为在我们以及学校老师的印象中，乐乐是个非常内向的孩子，除爸妈以外，几乎从不与成年人直接交流，问什么都是简单地说一句"都行""挺好"，然后再无下文。想到乐乐在面试环节需要和面试官谈半个小时，又是用英文，我都很发愁，别成为劣势就不错了，怎么能成为优势呢？然而最终的申请结果证实了顾问最初的预感，乐乐在每所学校面试后反馈都很好，而在最终录取的几所学校中，她的标化成绩都不算高甚至偏低，顾问说很有可能是面试成了加分项。

在开始面试培训阶段，顾问每次和乐乐交流时都会和她讨论一些问题，之后让乐乐把针对每个问题的想法整理好，把观点写出来。写的过程是让乐乐进一步梳理思路、准确表达自己想法的过程。其实很多问题都是一次次在交流中反复讨论的，而乐乐自己的想法也不断改变。比如关于"为什么想去美国读书"，乐乐最开始的回答就是"去美国参加了夏令营后很喜欢"。随着交流的不断深入，乐乐的想法也在深入："因为那里的课外活动更丰富。""那里的课程有更多自己思考的空间。""那里的老师总是鼓励我表达自己的想法。""我想体验一种不同的生活。""我想接受更大的挑战，看看自己到底有多大的潜能。"顾问并没有告诉她正确答案，也没有告诉她哪个回答是对的，而是启发她不断发掘自己的想法，表达自己的想法。在这个过程中，乐乐不仅学会了怎么回答问题，更重要的是，她真的从内心越来越明确自己为什么要去美国读书，自己想要追求的是什么。

再比如对于"你是怎样一个人？你有什么优点？"这一问题，乐乐一开始回答时还有点怯怯的，不好意思。但是随着她一遍一遍梳理、思考，不仅能够告诉别人自己有什么优点，而且还用例子来说明自己的优势，在一遍一遍讲给别人听的过程中，她也越来越自信、越来越理直气壮。到学校面试的时候，我感觉乐乐已经从自己内心就相信"我如此优秀，你们应该录取我，否则对你们来讲真的是一个损失"。

我现在明白了为什么多数美国孩子都非常自信的原因，作为家长就应该相信，每个孩子都是优秀的，不应该用一个简单的统一标准去衡量每个孩子是否优秀。虽然每个人都有优缺点，但我们不应该把关注点总放在他们的缺点上，还应该多关注他们的优点，放大他们的优点。并且给他们展现自己想法、展现自己优点的机会，他们自然就会变得越来越自信。

乐乐后来告诉我说，她之所以不喜欢在成年人——包括父母及很多老师——面前说话，是因为很多时候她预想到她的想法和我们不一致，说出来就会被批评或被讲很多道理好让她转变想法，甚至还不等她说完就表示她想的是错的，于是她干脆就不说了。而她对于留学有这么大的动力，原因之一就是在留学路上遇到的人，比如她去美国夏令营遇到的老师、留学顾问以及每一位美高面试官，他们都非常愿意认真倾听她的想法。

审视自己一直以来的教育方式，我发现了很多问题。我面对孩子时总是讲道理，总是不由自主地着急把我认为正确的道理告诉她。我内心认为，这是对孩子好，对孩子负责。可是这真的对孩子好吗？现在看来，如此久而久之，孩子就会失去在你面前表达想法的兴趣，甚至失去了自己思考的能力，她会更习惯于在回答前猜想你认为的正确答案是什么，而不是表达她自己的真实想法。

以前总是为自己的孩子不那么优秀而遗憾，现在想想，其实我自己也是一个离优秀有太大差距的母亲啊。

好在，什么时候改变都不算晚。于是，我也开始调整自己。我告诫自己，在乐乐面前要更多地听，而不是说。每天吃完晚饭，我都陪乐乐去散步和聊天。借这个机会，我也鼓励乐乐多表达一些自己的想法。我们除了谈论与面试相关的一些问题，也会聊些其他的话题，比如今天有个什么新闻。以往说到某件事，我总是首先告诉乐乐我对这件事的看法，甚至借机教育她一番。而现在，在发表自己的意见前，我首先问乐乐对这件事有什么看法。乐乐跟我说学校里同学的事，我也克制住自己脱口而出的评论，而是先问她：你对这件事怎么看？要是换了你会怎么做？我会顺着她的思路去讨论她的一些想法。甚至我也会讲我在公司里遇到的一些事情，然后征求乐乐的意见：你觉得我这么说是否合适？对方会怎么想？

在这个过程中，明显可以看到乐乐越来越愿意表达自己的想法。而对于我，最开始时确实是耐着性子，压抑着自己时不时想脱口而出的"你这么想是不对的"，耐心地听她讲完，努力表现出自己的兴趣。但后来，我越来越从听乐乐的讲话中真心感到乐趣。我发现乐乐早已经不是我所认为的小孩子了，她的很多想法已经像成人一样，客观、有逻辑性；她看问题经常和我有不同的角度，让我觉得有趣、意想不到，甚至很受启发。在交谈中，我们两个经常会谈得兴高采烈，甚至忍不住哈哈大笑。在申请美高的这段对我们来说压力都很大的日子里，每天的散步成为我们母女俩交流、放松的一段有趣时光。我感觉，那个在上中学后离我越来越远的孩子现在又在向我靠近了。

第5节　我就是我

在申请美高的过程中，乐乐越来越有"我就是我"的自信。在准备关于体育活动的面试问题时，我对乐乐说："你参加的体育活动那么多，可是没有什么突出的项目，是不是面试时不要讲那么多，突出讲一个相对有些成绩的项目？"可乐乐却说："我就是没有什么优秀的项目，我就是喜欢什么都尝试，只是还没有找到特别喜欢的，我就是这样的一个人，如果这个学校喜欢我这种类型的，自然就会录取我。如果不喜欢这种类型的，我假装成为他们喜欢的类型，将来去了也不会舒服。"

事后证明，乐乐的想法还真有道理。我认识的一个孩子所在的美高，在课外活动中也都有严格的筛选甚至淘汰机制，只保留那些水平高的学生；而乐乐最终去的学校，看得出完全是一种鼓励尝试的态度。只要你愿意试，各种活动都有机会参加，坚持时间长的都有机会进入高级队、演主角，而不见得是水平最高的。乐乐在这样的学校里如鱼得水。这就是"适合"啊。在一篇美高顾问的文章中也这样写道："你无须去迎合学校，你得对自己有所坚持。"

而我在这个过程中也从思维方式上发生了转变。我明白了申请美国学校并不是要把孩子包装成一个符合"标准"的好学生，而是要成为那个不同于别人的、真实的"你"。让学校找到他们喜欢的类型的学生，也让学生找到他们喜欢的学校。

干货分享

3.1　申请美国寄宿高中需要提交什么资料

美国寄宿高中是申请制，类似于美国大学的申请，学校需要多种申请材料进行综合评判，最终决定是否录取。申请材料包括：标化成绩、在校成绩、推荐信、申请文书、家长文书、面试评估、课外活动等。

1. 标化成绩

标化，是指由社会上较为权威的独立机构举办的标准化考试。标化考试一般会有多次考试的机会，而考核难度、评判标准相对一致，以便学校用以评判学生在相关方面的实力。

申请美国寄宿高中一般需要提供 TOEFL（托福）和 SSAT（俗称小SAT）两个标化成绩。

其中托福成绩衡量的是，作为一个外国学生，其英语水平是否达到了可以在美国学校正常上课听讲和交流的能力，这是在美国学习的基础，所以几乎所有的美国学校都要求提供托福成绩。

SSAT 衡量的是学生的学术能力，既包括基础知识也包括思维能力的考核。具体考核内容主要包括英语词汇、阅读、写作和数学理解、应用、计算。大部分寄宿学校要求提供 SSAT 成绩，特别是排名靠前的学校，对SSAT 成绩要求很高。

2. 在校成绩

学生需要提供申请学年以及前两个学年的学校成绩单。成绩单包括学生各学期的学习科目和成绩。

美国学校在录取美国学生时，学术能力方面最重要的考量因素是在校成绩。但是由于中国学校的评分体系与美国不同，以及对于出具的成绩单的真实性无法确定（知名学校除外，这些学校中申请优秀美高的学生比较多，美高对其学生真实素质与成绩单的匹配性是验证过的，所以认为比较可信），所以对于中国学生来说，标化考试成绩的考量比平时成绩更重要。

虽然特别亮眼的在校成绩单并不一定能成为加分项，但是比较差的成绩单一定会减分的。比如，某些科目成绩低于80分，出现了成绩下滑趋势等。

成绩单一般由学校教务处开具，中英文对照，打印在学校抬头纸上。很多学校都有标准模板，填入调出的成绩即可。如果学校没有模板，也可以由顾问提供或参考其他学校自己提供。

3. 推荐信

必选的推荐信为现任数学、英语老师的推荐信。推荐信主要描述学生在本科目的学习情况、兴趣、主动性及一些性格特点等。

可选的推荐信包括校内的推荐信，如班主任、辅导员、校长、其他科目的老师等。可以介绍学生在学校活动、领导力、人际关系、特长等方面的情况。校外推荐信可以选择课外活动的老师，如篮球教练、钢琴老师、家庭朋友等。

4. 申请文书

申请文书有两类，一类是统一的文书题目，完成后统一送往各申请学校。另一类是一些学校会额外要求补充的文书。

文书是在整个申请过程中最体现个人特色的部分，虽然只有短短几百字，却需要精雕细琢，着力体现出学生的性格特点、爱好特长、梦想和追求等方面的突出点。

5. 家长文书

寄宿高中申请还需要提交家长文书，一般为回答几个问题，如孩子的性格特点、优势，家长对于学校的期望等。

学校希望从家长文书中看到家长心目中的孩子是什么样，性格怎样，学生家庭关系如何等。家长文书同样要有细节，最好能加上一些生动的例子。另外，在文书中也可以表明，家长对孩子留学愿望的支持和对于未来一些可能遇到问题的提前考虑。

6. 面试

面试是可以使学生脱颖而出或被一票否决的一个关键环节。面试可以通过网络视频面试，或前往学校进行面试。

由于现在顶尖寄宿高中竞争激烈，申请者为了表示诚意和增加入选概率，多会选择校园面试。在校园面试中，可以由老师或学生带领参观校园、教室、宿舍等，甚至和在校生一起上课、吃饭，体验校园生活。如果你在某方面有特别强烈的兴趣，比如你的小提琴拉得非常好，希望在面试中展现出来，并希望将来在学校乐队有更多学习和提高的机会，就可以提前和学校相关负责老师预约，争取在面试那天和相关老师进行深入交流。

由于现在很多寄宿学校申请者太多，为减轻校园面试的压力，不少学校要求学生先参加维立克面试，将维立克面试录像送往学校审核通过后，才给予学校面试的机会。

7. 课外活动

展现学生的兴趣爱好、才艺特长、领导力、独特经历等方面的说明和资料。

3.2 校园参观和校园面试经验谈

校园参观要看什么？

有人说申请美高一定要去学校看看才会有感觉，也有人说去看也只能看看建筑、设施，和了解学校还差得远。那么去参观学校到底有什么帮助？下面根据我们参观面试学校的经验，谈谈亲自前往校园参加面试的几点收获。

1. 交通：这点只有到了实地才有切身体会。有的学校离机场只有半小时车程，有的需要三四个小时。有的学校可以从国内城市直达，有的学校需要转机。高中 4 年，每年 4 个假期，孩子要经常往来于学校和机场，交通是否方便不能不考虑。

2. 学校环境：有的学校很小，只有几栋楼；有的学校大到占地上千亩，有自己的山林、湿地、湖泊，像公园一样。有的学校周围是一片麦田，有的周围是牧场，有的紧邻河流或海洋。有的学校就在居民区，附近饭馆、银行、超市都有，有的学校周边开车一两个小时都没有什么人烟。离社区近的，孩子平时就可以在社区里做公益活动。离城市近的学校就享有城市里的博物馆等资源，离大学近的学校高年级学生甚至可以去大学选课、做研究项目。但是，离城市、社区近的学校也往往存在住宿比例低，周边社区的生源平均水平不高的问题。

3. 气候：总体来讲美国东北部较冷，南部温和，西部四季如春但早晚温差大。我们前去面试时是一月份，芝加哥的气温低至零下 16～22 摄氏度，而且风很大。虽然楼里面很暖和，学校还把几个楼连在一起，方便孩子不用出楼就可以到达宿舍或教学楼，但是对于怕冷的孩子还是会有影响的。这些地方冬季基本会停止室外体育活动。

4. 生活设施：有的学校宿舍比较新，阳光好、房间大、储物间大、浴室设施完备。有的学校（特别是历史悠久的老学校）宿舍就会旧些，设施也相对较差，房间小，几乎没有储物空间。有的食堂食物种类非常丰富可口，有的就很一般。

5. 文体设施及学校优势：有的学校体育设施很多，有着豪华的体育馆和健身房、游泳池，有的学校则设施很少或者很旧。当然这方面主要还是关注孩子是否有兴趣、可能参加哪些活动，其他的设施大多和自己没太大关系。从参观中，可以看出学校的优势项目。比如有的学校有自己的豪华马场；有的学校有非常专业的跳水设施；有的学校有新建的剧场以及非常现代的灯光音响设备等。

6. 氛围：有的学校从老师、同学到每一个工作人员都很热情，有的虽然有礼貌但却给人冷冰冰的感觉。

校园面试都是怎么安排的？

大部分学校面试流程是相似的：先由一个在校高年级学生用半小时左右带领学生和家长参观学校的教学楼、宿舍及文体设施。之后回到招生办，由面试官对孩子进行单独面试，家长在外等候。有的学校还会留一位老师在外面，回答家长的咨询。面试结束后面试官一般会和家长进行简短沟通，总结一下和孩子聊了什么，对孩子的印象（当然，都会说得非常好），并解答家长的咨询。对于家长提出的问题，老师基本都会很耐心细致地解答。有少数学校也会问家长一些"高深"的问题，如"作为父母你们对高中教育的期望是什么"等。

很多学校上午 10 点左右会举行全校集会，如果面试正好在这个时间段，多半会安排全家去旁听，借机可以看一下学校氛围和学生的精神面貌。如果面试赶上午饭时间，学校还会安排去食堂吃饭，这时就可以顺便考察伙食质量了。

有个别学校是由招生办的老师亲自带领家庭参观，在参观的过程中同时也就在面试了。

有些学校会给学生安排试听课，大部分为试听 1~2 节，个别会安排上一整天课，有的学校还为家长安排旁听课。在试听的过程中，孩子会对这所学校的上课方式、课程难度、上课氛围、学生素质等有切身的体会，感受会比较深。

有的学校还会设立专门的开放日，活动会非常丰富。一整天的活动中往往包含了参观学校，旁听各种课程，互动，体验午餐，与校长、各科老师、在校生、在校生家长交流等。也会安排预约好的学生进行一对一面试。这种活动的好处是会对学校有一个比较全面的了解。

面试时会问什么问题?

面试的方式各校有些不同，大部分会采取聊天的方式，比较随意（当然在这个过程中，老练的面试官其实把想了解的都了解了）。少部分学校有一个问题表，每个问题都要问到，面试官会把孩子的回答都记录下来。至于问题，基本上是兴趣爱好，喜欢的课程，未来的规划，为什么要来美国读书，为什么选择这所学校等。面试官在面试的过程中，除了了解孩子的英语水平、个性、谈吐等，也在对一些资料进行验证。比如，我女儿的资料中谈到了参加帆船训练的经历，有一个学校的面试官谈到这里时突然问了一个帆船运动中的术语；在另一所学校面试官突然问道：北京不临海，你在哪里训练? 并且让女儿在地图上指出是在哪里。如果不是真实的经历，突然之间孩子可能还真会被问倒。

第四章 /04

如何选择顾问，找到申请的引路人

第 1 节　什么是选择顾问的标准

第 2 节　跟着顾问向前走

第1节 什么是选择顾问的标准

留学顾问理论上讲是一个服务行业，但又是一个特殊的服务行业：第一，服务的效果和水平很难准确衡量；第二，被服务的机会是一次性的，钱可以重新花，但孩子的申请季可能这辈子就这一次。因此，选择顾问就成了乐乐申请开始前我的一个重要任务。

从3月份确定出国开始，乐乐在忙着准备标化考试，我就开始忙着找顾问了。我尽可能地上网查阅、向别人打听各种公司，打电话或者上门去沟通。只要他们举办介绍会、交流会，我都尽可能参加。听得多了，也大概对这个行业有所了解。前些年，申请美国高中是一个比较小的市场，主要是一些申请美国大学的顾问顺带做的副业，甚至有些移民机构也顺带做走读学校的申请。随着这几年美国高中申请越来越热，特别是寄宿高中申请的难度越来越大，开始出现了一些专门做寄宿高中申请的公司，也出现了一些专门的独立顾问。根据我的理解，申请寄宿高中主要需要的是顾问而不是中介（关于"顾问"和"中介"的区别请见"干货分享"部分的介绍），而顾问又有个人顾问和顾问公司两种形式，后面暂且把这些顾问公司称为"公司"，把独立顾问或公司中的具体顾问称为"顾问"。

3月10日美高寄宿学校集中发榜的前后，也正是各家公司展示自己的时候，各家公司都通过各种渠道发布自己在刚刚结束的申请季的闪亮成果。

刚开始，我和很多家长一样，看到有些公司发布的录取学校名单上都是30名以后的学校，马上就会把这家公司排除在视线之外。但是如果看到某公司发布了类似于菲利普安多福这样数一数二的学校录取后，立刻会心潮澎湃，难以抑制向往之情，仿佛看到了自己孩子光明的未来。在各家公司的介绍会上，名校录取的案例介绍环节之后，往往还有"今天当场签约费用优惠"的活动，每次都会看到有家长当场立即交钱签约。

我最初也是每次听完都觉得"这家公司真是很厉害"，恨不得立马签约。但听多了之后仔细想想又觉得不对，为什么宣传的总是那几个"牛娃"的案例呢？那大多数普通的学生又是怎样的结果呢？

甚至有一次，我在某公司的宣讲会上看到一个进入顶级名校的案例竟然和另一家公司的案例一模一样，再仔细看，发现介绍案例的顾问也见过，原来上次听宣讲会的那家公司的顾问跳槽到了这家公司，于是案例也就成了这家公司的宣传材料了。再仔细看发现那个案例的录取时间已经是两年前了。我想，这两家公司都宣传自己每年有几十甚至上百名孩子申请，两三年来，两家公司总计就有好几百名孩子通过申请，却只能拿这一个案例说事，可见其并不具有普遍性。

听了若干名校录取案例里孩子的情况，更是发现，那些孩子根本不是我家乐乐能学来的。人家的在校成绩往往位列年级顶尖，还学有余力地参与各种活动，在活动中也有各种亮眼成绩，思想成熟有想法，说起话来有内容有层次。而且常常是要么从小在国际学校上学，英语接近于母语水平，同时课外还按公立学校标准补习数理化；要么在公立学校上学，拿着数理化各种全国竞赛奖，又从小在课外补习英语，甚至小学就能看大部头英语小说。相比之下，我家孩子的基本条件差得太远，找了这家曾有过名校录取案例的公司难道就能进入名校吗？

我想，那些具备能进顶尖美国名校条件的"牛娃"，恐怕不管找到哪家公司、哪个顾问，录取结果都差不了。这样的孩子找到哪家公司是他们公司的幸运，不见得能体现公司的申请水平。

我此时有些清醒了，认识到虽说一个太差的顾问有可能会耽误一个孩子，但一个再好的顾问也不能让我家的"青蛙"拼过那些"牛娃"，基本条件在那里摆着呢。可毕竟多数孩子还是像乐乐一样的"普通娃"，找一个能够帮助乐乐在这些普通孩子中脱颖而出的顾问才是我们的目标。选择顾问不应该只看结果，而应该看他们在这个过程中能做什么，换句话说，就是看他们如何为孩子的基础条件"增值"的。

这样我再和公司谈就有了目标，直奔我关注的与乐乐相关的部分——那些占大多数的普通孩子的申请情况：你们公司今年总共多少人申请？你们公布的那些录取，除去那些一人拿到多个 offer（录取）的"牛娃"，最终还有多少人申请到了寄宿学校？那些孩子的基础是怎样的？能不能给我看几个和我家乐乐条件差不多的孩子的具体案例，他们最后申请到了什么样的学校？

然而，多数公司以"资料保密"为由，拒绝给我提供更详细的情况，有的公司的顾问甚至在被问到"你们公司今年有多少人申请"时也含糊其辞，说不清楚。有些公司的顾问对于申请的了解程度甚至还不及我。通过侧面了解才知道这家公司出名是因为之前有几位很有经验的顾问，可人家现在出去单干了，现在的顾问大多都是新招的，边学边干，我们就成了他们用来练手的对象。

我最后选择的是一家当时还不太有名的公司。这让周围的朋友们都有些意外：为什么不选择一家知名度高的公司？我得承认，当时确实是惴惴不安地冒险选择了这家公司。正如同我考察别的公司时一样，对他们我也有一些不满意的地方，但之所以敢于冒险签约，是有这样几件事打动了我。

第一，是它作为顾问公司的定位和发挥的作用与我的预期相符。很多公司只拿着名校录取的结果说事，似乎这些孩子进入名校都是自己公司的作用，甚至有的明确夸海口说，只要你花多少钱选择我们的首席顾问，就肯定能进前多少名的学校。而我选的这家公司却很明确地说，进什么档次的学校最主要的因素还是孩子的基本条件，所以我们没法保证孩子进什么样的学校。但我们能做的，是帮助孩子把基本条件之外的影响录取的那些因素，比如文书、面试等做到最好，让孩子得到自身条件下最好的录取结果。这种承诺在我看来更切合实际。

第二，比较实在，并没有夸大自己的作用。在这家公司组织的一次座谈会上，一个家长吐槽说朋友的孩子去年在另一家公司申请的事情：孩子很喜欢某所名校，在学校面试时面试官非常欣赏他，热情地邀请孩子一定要去他们学校，可是最后却没有收到这所学校的录取。家长怀疑因为他的孩子提前收到了其他学校的录取，所以这家顾问公司就鼓动这所名校把该名额让给了他们公司负责申请的另一个孩子，以提高公司的整体录取率。

对于影响孩子前程的事情家长们是不能容忍的，座谈会上的家长们都愤愤不平。由于参加过很多次公司介绍会，我知道当一个公司听说竞争对手的问题时，正是推荐自己公司的好机会，我猜想接下来主持座谈会的这家公司的老总肯定会说："他们怎么能这么做呢？我们公司就不会这样，我们一般会怎样怎样做，确保不会怎样怎样。"然而出乎我的意料，这位老总却对那位家长说："不要相信美高学校当面对你表示好感就认为有机会录取，那个孩子没有被录取一定是学校比较后的决定，公司或顾问是不可能影响学校的录取的。一个顾问不可能告诉学校你应该录取谁或不录取谁，学校也不会听他的。他们公司做不到，我们公司也做不到。顾问和学校关系好会有一定作用，但不可能那么大。"

第三，很痛快地给了我录取数据。在以往我参加的顾问公司的宣讲会上，我拿到的宣传资料中的数据基本都是"××学校（基本按学校知名度排列），（录取了本机构的）××同学"这样的格式。从这样的成绩单上，我得到的信息仅仅是"这家公司今年有录取××学校的学生"，但我既不知道被这些名校录取的学生的实际水平，也不知道这张录取名单里到底是很多人都拿到了理想的录取结果，还是几个"牛娃"拿到多个学校录取的结果。我看不出这家公司的水平，也就是对于孩子的"增值"那部分做得怎样，所以对于我选择公司没有什么参考价值。

而在这家公司的介绍会上，我第一次看到了附有学生基本水平的成绩单，格式是这样的："（我公司今年）SSAT ____ % 分数段有 ____ 位学生，（这些学生）被 ____ 学校录取"。这里既有成绩顶尖的学生的录取结果，也有成绩非常低的学生的录取结果。这样的成绩单，一方面对于我来讲是一份有参考价值的数据资料，我可以看出每一个分数段的学生能够录取的冲刺校是什么，保底校是什么。对比这个单子上的数据，以乐乐当时的现有成绩，我大概可以推测能录取到什么层次的学校。另一方面，在此之前，我已经尽可能地从不同渠道收集了一些学校录取学生的分数，并挑选了几所我比较关注的学校，对比这份表格，我发现他们公司的学生录取分数明显低于整体录取分数，反过来说，同样的分数，这家公司的孩子录取到了更好的学校。

第四，孩子和顾问的匹配度。在签约之前，我带着乐乐去这家机构，让乐乐和这家机构的顾问谈了一次。谈完之后，乐乐告诉我她很喜欢这个顾问。这点我觉得还是很重要的。毕竟申请过程中主要还是孩子和顾问的合作沟通，如果不匹配，孩子不喜欢顾问，或者谈不来，势必会对申请产生影响。短短半小时的谈话后，顾问能比较准确地给我讲出孩子的主要优点和可能存在的问题，这也给我留下了好印象。

第 2 节　跟着顾问向前走

7 月，我们与顾问公司签约，我们的申请也正式启动。有了顾问，我感到不再像之前那样什么事情全凭自己摸索，心里踏实了很多。

8 月，乐乐在准备考托福的同时，开始和顾问交流课外活动、兴趣爱好。我按照顾问的要求开始准备各种资料，找学校教务处开在读证明、以往成绩单，收集乐乐以往课外活动的各种证明。

9 月，乐乐按照顾问的建议，在上学和上 SSAT 课的同时，开始了文书的写作以及维立克面试的准备。我按顾问要求开始和老师、教练联系写推荐信。顾问给了我他们公司做的美高学校基本情况介绍，我开始研究各个学校。

10 月，顾问开始为乐乐做面试培训。乐乐参加了托福、SSAT 考试和维立克面试。这期间，一些美国高中开始来华进行宣传和招生，顾问也选择了一些，鼓励乐乐前去面试，并且帮乐乐进行了预约。顾问给了我第一版的选校名单，我开始和顾问讨论选校的条件和原则。我们也开始准备美国签证，为校园面试做准备。

11 月，乐乐的托福、SSAT 成绩都出来了。经过几轮讨论，选校名单由最初的几十个逐渐筛选到了 20 个左右。维立克面试结果出来后，提交给了需要维立克面试成绩的各个学校，学校陆续反馈了是否允许参加后续面试。根据学校的反馈我们剔除了维立克面试没有通过的学校和标化成绩差距太大的学校，最终确定了 15 所学校。我们和顾问商量确定了去美国面试的大致时间，顾问开始和学校预约面试。乐乐的重点转到了面试培训和文书写作上。我也开始写家长文书。

12 月，乐乐频繁和顾问线上或线下见面，讨论面试和文书的修改。顾问开始带乐乐一起研究将要面试的各所学校的特点以及面试需要注意的问题。经过多轮讨论和修改，乐乐完成了文书写作。顾问则把乐乐的各种资料、文书、成绩单提交到申请系统中，完成了申请流程，又和各个学校进行确认，最终有 14 所学校预约到了面试。我们则和顾问一起，根据学校反馈的可以安排面试的时间，不断调整行程安排，确定了整个面试行程。

1 月，全家出发前往美国面试。我们在申请的 14 所学校都进行了参观和面试。这期间，一直和顾问保持着线上联系，随时反馈面试的情况，咨询一些问题。面试结束回国后，按顾问要求，乐乐做了一份面试总结，根据乐乐对学校的喜欢程度排序，选择出最想去的学校，同时也基于自己感觉的面试效果和招生官对乐乐的喜欢程度进行排序。顾问则根据乐乐的选择倾向和学校进一步沟通。

2 月，乐乐收到了第一个学校提前录取的 offer（录取）。

3 月，从月初开始，陆续有学校开始发 offer，但乐乐除又收到一所保底校的 offer，后续收到的都是 waiting（候选），虽然有两所学校保底，乐乐仍感到有些失落，她最喜欢的几所学校都没有发 offer。顾问安慰我们说，一定还会有的。10 日晚上，乐乐惊喜地收到了她排在第一喜欢的学校的 offer。几天之后，陆续又有几所乐乐喜欢的学校发来邮件，主动把乐乐的 waiting 转为 offer。顾问在确认我们已经决定去哪所学校后，建议我们给其他所有发了 waiting 或 offer 的学校回信，表示感谢的同时也告诉学校我们的决定，以便减少招生办的重复工作，为别的学生提早让出名额。

至此，乐乐的美高申请工作在顾问的帮助下圆满结束。最终乐乐的录取结果非常理想，基本达到了我们的目标：以乐乐的基本水平被她所能去的最理想的学校录取。

录取之后，周围常有家长问我说，听说你们录取得不错，顾问是哪家公司的？我会告诉他们这家公司的名字，但我往往会同时告诉他们我选择公司和顾问的标准和目标，同时也劝说对方多进行比较。因为我知道，每个人对于好或不好的标准是不一样的。相比于推荐一家公司，我更愿意分享我选择顾问的标准和要求。只有先明确自己的需求，才能选择到自己中意的顾问。

干货分享

4.1 顾问和中介的区别

在美高申请的家长群里，有的家长问美高申请的顾问和中介有什么区别，以下谈谈我的理解。

"中介"往往出现在双方信息不对称或无法直接沟通的情况下，如房屋中介、婚姻中介。你不知道谁有房，谁单身，也没有渠道发布自己的信息，中介的存在就非常必要。所以，中介的核心作用是搭建双方信息沟通的桥梁。而"顾问"的主要作用是依据专业能力和经验，给你提出建议。

在美高申请中，我认为走读学校的申请更需要的是中介，而寄宿学校的申请则更需要顾问。这里说的是工作的侧重点，当然有些工作是不能完全区分开的。

在走读学校申请时，信息沟通的要求是非常高的。美国私立走读学校有3000多所，遍布美国各地。走读学校一般人数都较多，往往1000～2000人，只要具备录取国际学生的条件，留给中国学生的名额一般是足够的。虽然好的走读学校也比较难进，但相对于好的寄宿学校的录取还是容易得多，选择面也广。但走读学校的信息分散，难以有较为全面和真实的信息获取渠道。走读学校一般是面向学校周边地区招生，录取方式也较为个性化。远在中国的家庭很难获得这些信息，这就需要中介来帮助。

另外，对于一个出国读走读学校的孩子来说，在学校上课只是他留学生活的一半，另一半则是他在寄宿家庭的日常生活。这一半的生活是否顺利、开心、有帮助，会直接影响他在国外的生活质量和学习效果。但是，除个别走读学校可以协助国际学生安排寄宿家庭外，多数走读学校都需要孩子家庭自己安排寄宿家庭和法定监护人，因此多数在美国没有亲戚朋友的家庭都需要靠中介来安排。

虽然很多中介在宣传时都会说，住在美国家庭里可以更好地融入美国生活，提升英语水平之类，但是从实际接触中，可以听到很多寄宿家庭差强人意的案例，例如寄宿家庭的文化水平、生活水平都远低于孩子在国内的条件，甚至对孩子很苛刻，有些寄宿家庭仅仅出于挣钱的目的接纳国际生，对孩子谈不上关心和照顾，孩子适应起来非常艰难。因此，对于走读学校的申请中介来说，申请到学校只是工作的一半，能否给孩子安排好合适的寄宿家庭同等重要。

而寄宿中学的申请与走读学校不同。中国孩子能申请的美国寄宿学校只有 200 所左右，其中有不少一直以来都是面向全美国甚至全世界招生，信息是比较公开透明和流程化的，对于学校的介绍、评价在网上就可以看到很多。尤其现在很多申请工作都可以在网上完成，具备一定英语能力的家长甚至完全可以自己帮助孩子进行申请。招生办也随时可以接听任何家长直接打去的电话或回复邮件。而且大部分寄宿学校都接受通过 SSAT 系统的申请，一份资料在系统上传，各个学校的申请便可同时完成，非常方便。后续的食宿及法定监护人的安排等事情都由寄宿学校负责。

但是，现在寄宿学校的申请竞争非常激烈，仅仅了解学校信息，知道该怎么申请，对于没有经验的家长和孩子来说还不够。申请寄宿学校最大的问题是，如何基于对学校特点的了解，选择一个更为适合自己的学校，以及面对中国孩子百分之几的录取率，如何能进入理想学校。

这时候需要的是一个专业的顾问给予专业的意见来帮助孩子选择最适合的学校。这个适合，既包含了学校对于孩子的适合，也就是根据经验判断，这所学校的风格适合孩子今后在这里的学习生活；也包含了孩子对于学校的适合，即学校选择孩子的可能性更大，录取的成功率更高。也就是说，你虽然也知道应该做什么事，但顾问能帮你把事情做到最好。

4.2　顾问在申请中的作用

顾问在申请过程中的价值主要体现在以下几方面。

1. 熟悉申请的流程和要求

申请过程中有若干环节，包括标化考试的进度安排，申请资料的填写和提交，面试（包括维立克面试）的安排，申请后和学校的沟通互动等。每个环节的时间安排、方式、注意事项等，对于第一次申请的家长和孩子来说都是一头雾水。而对于经历多次申请的顾问来讲就是很容易的事情了。

所以，虽然不少家长对自己的英语水平非常自信，自认为对于申请步骤非常了解，起初准备自己完成申请，但最后还是决定找一个顾问。根本原因是考虑到自己毕竟是个新手，面对这些繁复流程和众多琐碎的事项，很难说不出一点错。而在竞争如此激烈的情况下，家长又不能允许自己出任何错误而耽误了孩子。

首先必须找一个有申请经验的顾问（相对于有经验的机构，顾问的经验更有价值），否则就失去了找顾问的意义。

其次是要找一个有责任心的顾问。每个孩子在申请过程中给学校提交的材料都会多达十几份甚至几十份，往来的邮件几百封。一个同时负责十几个孩子申请的顾问面对的就是这个数量的十几倍甚至几十倍。一般工作中，一个人出现百分之零点几的失误率按说也属正常，可是这种小错放到申请这件事情上，轻则可能降低被某个学校录取的概率，重则可能导致满盘皆输。我就听说有顾问因为马虎，把两个孩子的申请材料提交反了，一下子耽误了两个孩子的案例。

2. 孩子特点的挖掘和申请方向的规划

学校在录取过程中，除了看成绩体现出的孩子的学术水平，最重要的就是看孩子的特点，包括性格特点、特长、思想等。而在当今大家的标化分数都越来越高、难决胜负的情况下，特点就更加成为录取的重要因素。好的顾问可以帮孩子找到那些属于他自己的特点，并在后续的文书、面试中突出这些特点，让学校在众多在他们看来差不多的中国孩子中能够对这个孩子留下深刻印象，这是申请成功的重要一步。

3. 文书辅导

这里说的文书辅导，包括了 SSAT 系统里各校统一要求孩子提供的各种文书、家长文书、课外活动的介绍等，以及某些学校要求提供的个性化文书。真正负责任的顾问，不会直接帮家长和孩子写文书。虽然一遍遍辅导孩子写文书、修改文书可能比顾问自己直接写一篇还麻烦，但是，如果一个顾问在两个月的申请季里要替十几个甚至几十个孩子写文书，就算绞尽脑汁，恐怕也无法给他们每个人都写出不同特点和风采，最终一定会归为差不多的一个套路，不出大错就算好的。好的文书，要让一个特点鲜明、招人喜欢的孩子形象跃然纸上，同时文章本身也要吸引人，让人感觉这就是孩子说的话，而不是大人写的。这考验的是顾问的文书辅导经验。

4. 面试辅导

上面说到，学校了解孩子的特点，主要看文书和面试。孩子再好，如果文书中看不出什么特点，面试时孩子不爱说话，最后没被录取就是意料之中的事，孩子那么辛苦考了很高的标化成绩也没有用。

然而中国孩子，特别是公立学校的孩子，很多都没有和成人面对面深度交流的经验。有些孩子比较害羞，平时主要忙学习，对很多问题也没想过。面试时说什么、怎么说、哪些应该突出说、哪些应该回避、如何引导话题、遇到一些意料之外的情况怎么办等，这些都是在面试培训中应该涉及的。有些公司的面试培训只是讲讲注意事项，有些公司则是给出一些常见问题的答案让孩子背，这种培训的效果可想而知。要做好培训，不仅需要顾问的经验，而且要求顾问本身也有和西方人交流的经验，最好自己也留过学，能够从西方人思考问题的角度和习惯去帮孩子了解该怎样回答问题。

5. 和学校的沟通

和学校的沟通包括两个层面，一个是日常的沟通，如联系面试时间，确认材料是否收到，对于一些学校提出的疑问或额外要求给予解释，或是咨询一些申请中的细节问题等。另外，在申请的高峰，如12月到1月，招生办非常忙，经常会发了邮件很久也得不到回复，有重要问题就需要打电话到招生办咨询。由于时差，再加上招生办的电话很难打进去，可能需要顾问从晚上10点到半夜甚至凌晨一直不停地打电话，这可是个辛苦活，并不是每个顾问都能做到。

另一个层面的沟通就是推进录取方面的沟通。很多顾问在宣传时总是说自己和某某名校、某某招生官很熟，但我觉得这种所谓的熟不应该按中国的人际关系理解，认为人家会帮忙之类的。美国寄宿中学招生的管理、流程都非常规范。录不录取哪个学生不会简单地因为某人和招生官熟悉而定，也不是哪个招生官愿意帮忙就可以的。

但是也不是说顾问的个人关系完全没有作用。有些顾问在行业内工作了很多年，也和学校招生办打了多年交道。试想学校发现这几年某个顾问推荐的中国学生到校后表现都非常优秀，学校非常喜欢，那么在今年，学校觉得最后挑到的几十个孩子都不错，由于不相上下而拿不定主意时，这个顾问向学校推荐说其中一个孩子很不错，很符合你们学校的风格，你们一定会喜欢，这就很可能会对学校的录取产生影响。我理解所谓的关系应该主要体现在这方面吧。换句话说，顾问靠的是自己在学校招生办那里树立起的专业声誉，而不仅是什么人情关系。反过来说，如果学校发现某个顾问推荐的学生与材料中描述的不符甚至作假，那也必将会对这个顾问今后在这个行业的声誉造成负面影响。

总之我认为，决定孩子录取结果的因素包括三个方面：孩子本身的素质，标化及平时成绩，申请工作。前两个因素是在申请过程中不可能改变的，也就是说，如果孩子本身素质不高或成绩很差，即使找一个最牛的顾问，也不大可能把孩子送到牛校。而以孩子目前的基础水平，要想取得最好的结果，顾问在申请过程中所发挥的作用至关重要。

第五章 /05

选校，最适合的才是最好的

第 1 节　除了分数，学校还有什么差别吗

第 2 节　眼见为实

第 3 节　你在选学校，学校也在选你

第 4 节　如果再给我重新选择一次的机会

第 1 节　除了分数，学校还有什么差别吗

选校，是美高申请中的一个重要环节。在开始听美高宣传讲座时就听一些顾问说选校时"最适合的就是最好的"，我们的顾问也常说这句话。但我当时觉得非常不理解，什么才是最"适合"的呢？按以往的认知，我觉得所谓的适合就是孩子的分数和学校排名相匹配。在国内中考中，什么分数基本对应了你能去的学校，差 2 分就差了一个档次，选校非常清晰简单。分数低就去不了排名高的学校，分数高也不会报排名低的学校。

在美高的申请过程中，我们经历了一轮轮选校，甚至到最后进入学校，才明白了什么叫"适合"。

在最初的美高选校时，我们也是先用分数、排名的思路去选择，但我发现美高并没有像国内中考、高考那样统一的考试，也没有像中考、高考录取分数那样权威、能够体现学校学术水平的排名。我能找到的几个权威排名除了前十几所学校的排名变化不大，其他学校的排名都存在较大的差异，有的同一个学校前后两年的排名也相差很多。我都有点儿被搞糊涂了。

顾问那里还有一份他们自己做的排名，是依据实际录取的分数确定的。比如说，从近几年实际录取的分数看，一些学校基本上只有托福达到100分以上才有可能录取，有些学校要90分，有些学校80分以上就有可能。顾问预计乐乐最终的托福成绩至少能达到90分，于是选择了100分以上的学校作为冲刺校，90分作为匹配校，80分作为保底校。这种分数档次的划分对我来说还是比较好理解的，但我仍然有疑惑，爱较真儿的我拿着学校名单追问顾问，同一分数档次的学校有不少，那你为什么选择这所而不是那所，依据是什么？

顾问解释说：

首先，这种录取分数档次虽然能体现出这所学校的录取难度，但不见得能体现学校的水平，比如某校在中国宣传的时间比较长，知名度高，申请的人多，于是水涨船高，录取分数就上去了。但是与同样录取分数的某些学校相比，实际水平其实并不高。再比如，同样水平的两个学校，一个因为学校人数少，或对国际生人数限制严格，一年只招两个中国人；另一个规模大些的学校可以招七八个中国人，录取分数上后者就可能低于前者，但这并不意味着后者比前者水平低。

其次，顾问也参考了我们家之前对学校提出的条件进行了选择。顾问之前曾问过我，对于选校有什么条件。我当时实在是提不出什么来，只能想到一点，至少是天气不要太冷，因为女儿怕冷。我查了一下美国各地的气温后告诉顾问，比北京更冷的地方就不考虑了，尽管波士顿附近以及东北部有不少好学校，但我只能忍痛割爱了。

至于其他的条件，顾问说是基于对于乐乐的了解和对学校的了解以及经验，认为乐乐会喜欢这所学校，而这所学校也会喜欢乐乐，因为每所学校都是有个性的，录取倾向也不一样。

对于这点，我就不太理解了。我的感觉是学校都差不多，录取分数不同，决定了学校的学生水平，难道在别的方面还有什么差异吗？

第2节　眼见为实

顾问说由于现在竞争激烈，如果可能最好去学校实地面试。除非其他方面非常突出，否则很难在 skype 里引起招生官的注意。我们经过商议，提出了一个"宏伟"的计划：参观每一所申请的学校。我想，既然申请了，这些学校都有可能成为乐乐生活 4 年的地方，不亲眼去看看怎么能放心呢？与其说去看看这学校有多好，倒不如说我更想看看这学校有什么不好，有没有让乐乐和我们不能接受的地方。再说了，去美国最贵的就是国际机票，到了美国多待几天其实费用并不会多很多。

我们准备申请的学校，跨越了美国的东西南北。东部一线从纽约到华盛顿，西部从俄勒冈到旧金山，北到芝加哥，南到亚特兰大。虽然增加了费用和时间成本，我们依然觉得这趟行程非常值得。我们不仅了解了学校，也更多地了解了美国，了解了美国不同地方的气候特点、风土人情及其对学校风格的影响。在整个时而紧张、时而放松的行程中，一家人一起准备面试、讨论学校、观光游览，这也成为我们全家最难忘的一次旅行。

当我们实地考察了每一所申请名单中的学校后，那些由数字组成的学校一下子变得立体了，仿佛有了性格。我们发现每所学校的"特点"和"个性"真的不同。参观完每一所学校后，我们一家三口都可以直接说出来喜欢或者不喜欢这所学校。我们的意见有时是一致的，有时却相左。我们在车上进行热烈的讨论，觉得这也是非常有意思的体验。

我们参观的第一所学校拥有一大片山林和湿地。去之前我们收到了学校寄来的厚厚的宣传册，照片中的校园一片郁郁葱葱，非常美丽。喜欢户外活动的乐乐把它作为最喜欢的学校。然而，我们访校的时间是一月份，去的那天又刚好是阴天，沿着山林一路开车到学校的路上见不到一点绿色，一片荒凉，很久都看不到人烟。一路上两边都是光秃秃的树，树枝张牙舞爪，在阴森森的天色下更显得压抑。想到如果乐乐在这里上学，冬天的几个月里，乐乐都会在这样寒冷肃杀的环境中度过，每一次圣诞或是感恩节假期，都要走这么远的荒凉的路往返于学校和机场，我的心一下子凉了半截。乐乐也说，这和她想象的学校完全不一样，如果只看宣传册就直接到这里上学，心理上的落差会让人无法接受。

同是一月，我们在不同的地方看到了不同的风景：在弗吉尼亚南部看到了一眼望不到边的麦田，在南部的田纳西看到的是成片的牧场和牛羊，而在加州看到的则是明媚的阳光和满眼的绿色。

在不同的学校，我们看到了他们引以为豪的各自的特色：设施齐备、先进的专业剧场，拥有众多马匹的巨大马场，堪比顶级健身馆的健身房，属于学校的、可以开展各种水上运动和生物研究的湖泊、海湾，紧邻校园的世界级的风景区。

我们也切实感受到了学校的"温度"。在一所学校，我们花了很长时间都没有找到招生办，也没有看到指示牌，因为是上课时间，学校里没有学生可以问。预约好的面试时间马上就到了，我们非常焦急，终于看到路上有老师模样的人，赶紧上前询问，对方竟然漠然地说他要赶时间就匆匆离开了，而问到的第二个人同样如此。而在另一所学校，一进校门就开始有指示牌一路指引我们，一直指到了写着乐乐名字的专用停车位。有的学校遇到的每一个人都会主动和我们打招呼，一进楼就被热情洋溢的前台接待领进了休息室，里面已经摆好了茶点和热气腾腾的咖啡。带我们参观学校的一路上，遇到的每一位老师都非常热情，他们都为自己的学校感到自豪。在教室，满脸大胡子的老师充满激情地介绍他的美术课多么有趣，欢迎乐乐有时间可以坐下来听一会儿他的课；在图书馆，一位服务人员主动走过来充满自豪地介绍图书馆多么先进；参观到餐厅时，因为吃饭时间已过，餐厅已经关门，当我们隔着玻璃向里面张望时，一位打扫卫生的大妈马上主动走过来打开门，微笑着让我们进去参观。我想，即使这样的学校排名靠后些，我也宁愿乐乐能生活在这样温暖的环境里。

我们也看到了学校的设施和管理。有的学校不知是没有宿舍卫生检查制度、孩子没有收拾房间的习惯，还是宿舍里确实储物空间太小的缘故，去参观时宿舍里面非常凌乱，有的让人简直无法进入。而有的学校明显这方面管理比较严格，所有的宿舍都干净整洁。有的学校因为年代久远，宿舍楼已经非常旧，里面狭小阴暗。有的学校宿舍楼比较新，宿舍比较大，每人还都有一个很大的储物间。乐乐兴奋地说，这里比家里的房间还好，如果住在这里，可以把家里各种喜欢的东西都带过来，想象着下课后可以坐在这里的落地窗旁边看书，享受阳光和窗外的绿色，真的让人向往。

我们还直观地感受到了一些数字的含义。有一所学术水平相当不错的学校，但是以走读生为主，寄宿比例非常低。在此之前，寄宿比例对我们来讲只是数字。然而，当我和乐乐爸去学校接面试结束的乐乐时，正好赶上学校放学。一时间非常热闹，一辆辆校车、私家车把孩子接走，几乎转眼之间，校园就变得非常寂静，几乎见不到人。我和乐乐爸对视了一下，立刻明白了寄宿比例低究竟意味着什么，眼前不由得出现了在这寂静的校园中，乐乐孤单落寞的身影。尽管这是一所好学校，我们还是决定放弃了。

在这一趟行程之前，那些所申请的学校的顺序是由顾问排列的，对于乐乐来说，那些学校不过是一堆名字，没有什么差别；而参观学校之后，乐乐已经可以清楚地根据她自己的喜好，排列出她想申请的学校的顺序。

第 3 节　你在选学校，学校也在选你

当我们选择学校时，学校其实也在选择符合自己喜好的孩子。

我们申请的学校中有两所女校，乐乐在这两所学校都跟着在校生一起上了课。乐乐回来告诉我们，第一所学校里的女生真的很大大咧咧，甚至穿着类似睡衣的衣服、毛拖鞋就去上课了，上课时甚至有人把腿架到椅子上。乐乐说，是因为没有男生，女校学生就不讲究了吗？

而在另一所学校，我们却看到了截然不同的情景。每个女孩子都规规矩矩地穿着校服——格子短裙、长袜，非常秀气淑女。上课时也都规规矩矩地坐着，有些像国内学校一样。我和乐乐爸第一眼就喜欢上了这所学校，而乐乐却说不喜欢，如果一定要在两所女校中做出选择，她只会选择前一所。

回来后和顾问沟通，顾问说你们的感觉是对的，前一所就是号称培养"女汉子"的学校，而后一所则是培养淑女的学校。我仔细回想，前一所学校里见的女孩，整体看确实有种英气，而后一所中的女孩子则整体有种文静的感觉。尽管那么多学生性格肯定还是各种各样的，但是学校整体看上去确实是有"性格"的，这可能来自于学校的培养方向，也来自于学校在录取中对不同类型孩子的喜好。我家乐乐喜欢运动，喜欢各种玩，从小几乎就不穿裙子。恐怕当学校选择学生时，有经验的招生官也会看出你不喜欢或者不适合他们学校，而导致你的录取概率也降低。

这种猜测后来得到了一定程度的证实。乐乐的成绩相对于前一所女校的录取成绩是比较低的，但最后还是得到了 waiting（候补）；而后一所学校，尽管乐乐的分数高于他们的一般录取成绩，却直接给了拒绝。而从整体录取情况上，乐乐从内心就不太喜欢女校，她所申请的 3 所女校 2 所拒绝，1 所候补。而申请的 11 所混校只有 1 所拒绝，其余都是录取或候补。

第 4 节　如果再给我重新选择一次的机会

有人说选校就像在挑选对象。没见到人之前多是打听那些"硬"条件：收入多少？身高多少？哪里毕业？哪里工作？见面后会更关注长相、谈吐。然而真正生活在一起后，你会发现决定你生活是否幸福、婚姻能否持久的，竟然是那些看起来微不足道却和每天的生活息息相关的事情。比如性格、生活习惯、沟通方式等。

如果说最初在选校时更注重的是 SAT 平均成绩、排名、毕业生都升入了哪些大学这类的条件，在参观时更关注环境和一些硬件条件，那么在入学之后，我发现真正影响到孩子成长、学业进步以及能否在这四年里快乐生活的，是那些与她每天的生活息息相关的东西。如果让我重新选择一次学校，我会更多地和在校生、家长交流以下这些影响孩子日常生活的因素。

压力是否适度

乐乐所在的学校基本是鼓励式的教育，给予学生非常宽松的环境，没有排名，除了期中期末，成绩也不会发给家长。压力更多的是来自孩子的自我施压。而有的学校，每次小考成绩都会让家长看到，每周顾问都会和孩子谈成绩以及如何改进。

甚至在课外活动方面，有些学校的压力也是挺大的，也是严格考试和选拔，每学期都会定期有考核、淘汰。而乐乐的学校则是采取鼓励参与的方式。只要你想参加，各种活动就都有机会，哪怕你一点基础都没有；球队的主力、剧团的主角往往都从坚持参加的同学中选择，哪怕水平不是最高的，否则就算你水平很高也没有机会被选上，尽管为此会牺牲一些体育队或剧团的水平。

　　每个人对外来压力的适应能力是不同的，有的孩子在压力下越战越勇，而有的孩子则承受不了。有的孩子希望有外来压力推动自己，有的则希望有更多自主的空间。这需要根据孩子的特点来选择。

　　乐乐刚去美高的时候，一下子觉得压力非常大，几乎有些失去信心，后来才慢慢调整到很好的状态。当我后来听说有些学校给孩子压力比较大时，心想幸好乐乐现在去的这个学校是基本不施压的，这样乐乐可以根据自己的节奏、承受力一点点自我加压，而不是一下子被外来压力击垮。

是否有对孩子情绪和心理的关注

　　国际生的家长不一定能及时了解到孩子的异常情绪和问题，学校是否有相应的关注机制就非常重要。乐乐学校每个宿舍楼里都有几个高年级生作为管理者。他们的其中一项工作就是每天要和每个新生进行一次交流，了解新生的学习、生活，情绪是否正常，是否有什么问题。如果有问题也可以去高年级生的宿舍找他们帮助。有一次乐乐在宿舍里看视频忘记吃晚饭了，结果晚上几个老师分别找她谈话，问她是不是有什么困难、问题、不高兴的事情，之后又让高年级的女孩和她聊天，确认她没有什么情绪上的问题。孩子觉得这有些小题大做，但我作为家长听说后却放心很多。学校反应这么快并有后续的措施，可见学校有这种相关预警机制和管理流程。

对于孩子升大学是否有优势

虽然美高有 4 年，但是因为申请机制的不同，感觉一进入高中，马上就面临着申请大学的准备了。在研究美国大学的升学条件时，我发现其思路和在国内是很不一样的。在国内，统一的高考制度决定了考试、录取标准是一样的。去一所更"好"的高中，意味着有更好的学习资源，也意味着你有机会进入更好的大学。在一个拥有很多优秀学生的学校里，在相互激励中，在同一个高考标准下，即使你是这里的最后一名，在升学时仍然可以远远超过一般学校的同学。所以，中国人的概念是，无论如何尽可能去更好的学校。

然而美高不是这样。在申请大学时，最重要的成绩不是 SAT 这样的标化成绩，而是校内的 GPA、年级排名。这点在中国人看来很不理解，因为很明显，这样不公平。很多中国家长都问到这个问题：按校内的成绩和排名，不同学校之间怎么比？有的学校可以轻松得 A，有的学校得个 B + 都很难；同样的学生，在一个很一般的学校里可能很轻松是全校第一，可在一个"牛娃"云集的顶尖学校拼了命也进不了前 50%，这怎么能光看成绩和排名呢？

然而，一些大学招生官给出的明确回复却是：就是如此。尽管他们对很多中学的学术水平、评分体系非常了解，知道不同学校间的差距，也会考虑这种差距，但是，"A 就是 A，B 就是 B"。在一个牛校做年级差等生，和在一所一般学校做年级尖子，也就是我们常说的凤尾和鸡头，前者会让你得到更多的资源和见识，会激励你有更多进步（前提是自己的抗压能力要比较强），但不见得让你被更好的大学录取。所以我之前曾经听说过，某华裔家庭孩子为了申请到哈佛，专门从顶尖私立高中转到了一所较差的社区公立学校的故事，虽不知真假，但现在看来确实存在这种可能。

当初乐乐在第一时间被我们排名最高的学校录取，我当时还真有些后悔：也许我不该删掉顾问之前列的那些"碰碰运气"的学校，说不定运气好也能进去呢！而现在，从乐乐拼尽全力一点点从年级名次后一半往前走的情况看，幸好没有去那样的学校，否则可能真的会让乐乐失去信心。更不用说到了大学申请阶段，一想到难看的年级排名真的会让人一筹莫展。如果让我重新选择美高，我会很坚定地不考虑那些"跳着脚、碰运气才能进"的学校！

生活是否方便

在乐乐即将去美高报到时，我才突然想到一个之前忽视了的问题：乐乐的学校距离机场有 2.5 小时的车程，除了开学第一次我会送她去学校，以后每次放假和开学乐乐都将自己往返于机场和学校，这段交通怎么解决呢？如果乘出租车，这么远的路程至少需要几百美元，而且一个女孩子自己打车跑那么远想想就不放心。我试着问了老生家长，惊喜地得知原来学校附近的镇上就有专门到机场的班车，还专门在乐乐的学校设置了站点，放假和开学的日子班车都会往返于学校和机场间接送同学。后来得知不少学校没有这么幸运的解决方案，一到放假和开学，家长的确很操心，孩子也很累。之前觉得放假只是很偶然的事件，怎么也能凑合，不必作为选校的因素。可是乐乐真正去了美高之后才发现，美国寄宿高中放假还是很频繁的，感恩节假、圣诞假、春假、暑假，而且孩子开学回到学校往往第二天就要马上上课，前一天如果交通不顺畅、弄得非常疲惫，学习也会非常受影响。

我不由得想，之前选学校时只考虑学校的排名、环境等，对孩子到学校以后的生活考虑得还真不多，好在运气不错，孩子并未受到影响。但这不得不说是自己的失误之处。

干货分享

5.1　在选校过程中应该考虑哪些因素

一、学术水平

学校的主要任务是为学生提供学习的平台，对于中国家长来说，学校的学术水平是选择学校时首先考虑的问题。那么，什么是反映学校学术水平的指标呢？

1. SAT 分数

这里的 SAT 分数是指该校高中毕业申请大学时参加 SAT 考试学生的平均分数，是很多"美国高中排名"中主要应用的标准。2015 年 197 所美国寄宿高中公布的 SAT 平均分数据如下：

分数段	学校数量
2100 以上	4
2000 ~ 2099	15
1900 ~ 1999	24
1800 ~ 1899	36
1700 ~ 1799	42
1600 ~ 1699	40
1500 ~ 1599	23
1499 以下	13

由于美国没有像中国高考一样的统一考试，SAT 成绩在学校的衡量标准里可以算作最为客观的标准化成绩，比较具有参考价值。但是，它仍然只是个大致的参考，不能像看高考分数那样，认为"平均分差几分就代表

一个学校比另一个学校低一个档次"。因为有以下几个需要注意的问题：

- SAT 分数是由各校自己公布的，公布时间、频度也不同，准确性不能完全保证。

- 各校公布的方式也有所不同，有些是公布全年级平均分，有些是公布一个分数区间，有些是公布前 50% 和后 50% 学生的平均成绩，有些是公布各个 25% 段学生的平均成绩。一些网站或顾问排名时在折算过程中有可能不准确。例如有的网站对一些公布分数区间（如 1950~2150）的学校统一按下限成绩排名，这就低估了这些学校的水平。

- SAT 只是美国大学录取时认可的标化成绩之一，也有学生参加 ACT 等考试而不参加 SAT 考试。由于现在越来越多的大学申请者是参加的 ACT 考试，所以 SAT 成绩并不一定代表学校所有学生的水平。

- 由于美国寄宿高中人数比较少，很多学校每个年级只有 70~80 人，有可能每一年的平均分起伏较大。不像中国很多中学，一届学生动辄五六百甚至上千人，生源又是经过了中考的统一筛选，高考平均分一般会比较稳定。所以看美国寄宿高中的 SAT 成绩和排名时要多看几年的，有时名次上会相差不少，但一般不会相差一个档次。

- 中国和韩国的学生比较会考试，有些学校是因为最近几年大量招收亚裔学生快速提高了 SAT 平均分和排名，但并不代表学校教学质量的变化。

2. 大学录取情况

高中学校网站都会公布当年或者近几年大学录取的情况，这也是我们选择学校的重要依据之一。在看网站公布的大学录取情况时，名牌大学的名字总是会吸引我们的目光。但是在分析这所学校的录取情况时我们要注意以下问题：

比如 A 学校录取名单中覆盖了位于前 10 的所有常春藤名校，而 B 学校列举的录取大学中只有 3 所位于前 10 的常春藤名校。那么是否就说明 A 校优于 B 校呢？

别急，我们再仔细看一下，注意到 A 校名单旁边的"2010—2014"字样，而 B 校标注的是"2014"，也就是说 A 校的名单是 5 年成绩的总和，那么 A 校的数据要除以 5 才能和 B 校比较。

我们还看到，A 校一年有 150 人毕业，而 B 校只有 70 人。那么 A 校的数据又需要再除以 2 才能和 B 校比较。

A 校的录取数据反映的是收到 offer（录取）的情况，而 B 校则是实际就读情况。如果是 offer 数据，有可能 8 个名校的 offer 都是来自同一个学生，而实际就读数量是和学生数量一一对应的，那么 A 校的名校录取数量就得再缩减。

A 校只写了录取学校的校名，没有写录取人数，那么有可能是几个人被录取，也有可能只有一个人被某所名校录取；而 B 校虽然只有 3 个名校的名字，但是每所学校旁边清楚注明了是 3 个或 2 个学生，总数上也许并不比 A 校少。

综合以上情况，最后得出的结论可能不再是 A 校录取情况比 B 校强，而是 B 校比 A 校录取情况更好。

3. 师资情况

师资情况包含了教师的数量和质量。

师生比例：这个数据是学校师资数量的体现。在美国的很多师生比例很低的公立学校，也都是老师台上讲，几十个学生在下面听的方式。而私立学校的师生比例一般都远高于公立学校，这种比例才能保证私立学校的课堂教学可以进行小班式、讨论式、互动式的教学，学生可以获得个性化的关注和指导，参与度更高，课堂收获更大。这也是私立学校学费昂贵的原因之一。大部分私立寄宿学校的师生比在 1:5 ~ 1:10 之间，学生总数多的学校师生比例偏低一些。

高等学位教师比例：指硕士以上学位的教师占教师总人数的比例。关注教师的质量这一点不需要更多的解释，但是，对于老师的学术水平、学术背景、教学经历，我们很难有渠道全面了解。"高等学位教师比例"是一个对外公布的数据，可以供参考。但是我看到，这个数据在寄宿中学中从 40% 到 100% 不等，其中有些非常知名的学校这个比例并不高。所以我认为各校在指标定义上可能并不统一，比如作为分母的全体教师都包括哪些人。所以这个对外公布数据仅能供参考。

另外，在美国的很多私立学校，都会强调课堂外的师生互动，一些顶尖学校会致力于构建师生关系。可以从就读学生那里了解学校在这方面的氛围怎么样。比如下课之后、周末是否可以找到老师？老师是否愿意并鼓励学生课后去找自己？学生每周是否有固定的时间去见老师问问题？是否有辅导项目及怎样操作？等等。

4. AP 课程

AP 是 Advanced Placement 的缩写，意思是美国大学先修课程或预修课程。指由美国大学理事会提供的在高中授课的大学课程。美国高中生可以选修这些课程，在完成课程后参加 AP 考试，达到一定的分数后可以获得大学学分。AP 课程有 22 个门类、37 个学科，包括微积分、统计、物理、经济学等。考试成绩采用 5 分制，考生可以获得 1 ~ 5 分。一般 3 分及以上的成绩可以在大学换取学分，但某些名牌大学接受的标准是 4 分及以上或者 5 分。

AP 课程不仅可以使高中学生提前接触大学课程，避免了高中和大学初级阶段课程的重复，帮助学生缩短大学学时，节省高昂的大学学费，而且由于很多大学认为拥有优异 AP 考试成绩的高中生在未来的大学会有更好的表现，因此 AP 成绩已成为美国大学录取时的一个依据。

美国寄宿中学普遍开设 AP 课程，供学有余力的学生选择学习。学校开设 AP 课程的数量也成为高中学术水平的标志之一。因为这既代表着学校具有开设这些课程的能力，同时也代表这所学校的学生有更高的学术能力和追求。

从 212 所美国寄宿高中公布的开设 AP 课程数量的情况看：开设 30 门及以上 AP 课程的学校有 5 所，开设 20 ~ 29 门 AP 课程的学校有 48 所，开设 10 ~ 19 门 AP 课程的学校有 106 所，开设 9 门及以下 AP 课程的学校有 53 所。

在以 AP 课程数量考察学校学术水平时，也需注意以下几个问题：

- 并非 AP 课程绝对数量越多就代表学校更好，相对来讲，学生多、教师多的学校 AP 课程也往往多些。
- 有些学校并不开设 AP 课程，但不代表该校的学术水平差。有些名校的 HONOR（荣誉）课程的难度与 AP 课程相当，通过学习也可以参加 AP 考试。
- 对于个人来说，有几十门 AP 课程也没有什么意义，因为每个人能学的课程数量也是有限的，有些学校也不鼓励学生学习很多 AP 课程。所以更重要的是，这所学校是否有自己感兴趣、擅长、可能学习的 AP 课程。

5. 班级规模和教学方式

私立高中相对于公立高中最大的优势就是小班教学和互动式教学。私立寄宿高中的班级规模多在 8 ~ 15 人之间。

对于教学方式，在参观学校教室时就可以发现，有些教室的布局和中国一样是一排排课桌对着黑板，有些则是圆桌讨论的形式。有些学校比较传统，有些学校则开始尝试将新技术应用于教学和管理中。

6. 优势学科

如果孩子在某些学科方面有特别的兴趣和特长，则要关注学校在这些学科上是否能提供特别的帮助和机会。比如，是否有这个学科的兴趣小组或竞赛队，学校是否参与过州、全国和国际比赛并获奖，或者在某些方面有优越的教学条件。比如，加州的韦伯中学有相当专业的古生物博物馆，学生可以像考古学家一样参与科学研究；圣保罗中学有天文馆和天文学课程；位于海边的泰伯中学有自己的海洋生物实验室，并可以进行尖端的海洋生物学研究。

二、学校"个性"与自己喜好的匹配

1. 兴趣爱好

学校是否有与自己特长、兴趣或未来发展方向相关的课程或活动。如领导力、金融、机器人课程，或游泳、高尔夫、骑马、帆船、视觉艺术等特色文体类课程。

2. 学校氛围

选择一个氛围适合自己孩子的学校非常重要。

- 学校的文化如何？学校氛围是严谨的还是轻松活跃的？

- 学校的价值观是什么？学校是否鼓励学生在学术上挑战自我？有的

学校非常强调学术和学生的自我挑战，学术方面强的学生非常受到尊重。有的学校的理念是"不鼓励所有的学生都去争第一"。

- 学校是否真的致力于多样化？学校的种族融合度如何？

3. 寄宿生比例

寄宿学校中除个别是100%全寄宿外，大多数都是包含寄宿和走读两部分。对于需要寄宿的中国学生来说，寄宿生比例是个比较重要的因素。

我认为，选择学校时寄宿生比例越高越好。前面说过，真正的寄宿学校，上课学习只是完成了教育的一部分，而另一部分，包括学习习惯及生活习惯的培养、团队合作意识的培养等都是在寄宿生活中完成的。而学校对这一部分是否重视，是否把它当成学校教学、管理的重要组成部分，是否投入足够的精力和财力用于丰富课外教育、改善生活条件、完善课后和周末活动的安排，是与寄宿生人数多少密切相关的。至于那些本来是走读的学校，只是找了个房子让一些国际学生集中住宿，找两个人负责管理和做饭，根本就不能叫真正的寄宿学校。

寄宿生比例比较低，甚至几乎等同于国际生比例时，就意味着这所学校的寄宿生几乎都是国际生，在很多学校也同时意味着至少一半寄宿生是中国学生。这样中国学生在课余也就缺少了和美国同学的交流机会。

三、国际生以及中国学生的比例

很多家长在选择学校时认为中国学生比例越低越好，觉得这样学生才能更快地融入美国本土的环境，甚至恨不得全校就自己这一个中国学生才好。对于中国学生比较多的学校，很多家长直接将其归于"野鸡校"。这样考虑有些绝对。

中国学生比例高，存在以下几种情况，不能一概而论：

（1）所谓野鸡校，是指学校由于教学质量、声誉不够好而导致生源少、资金缺乏，甚至濒临倒闭，在这种情况下，学校大量招收中国学生，用来支撑收入，这也导致学校内一半学生是中国人。这样的学校甚至有些就是为了收国际生的钱而建立的。其对于中国学生所设的门槛很低，几乎交钱就能上，学生素质普遍不高。对于这种学校宁可不去美国也要坚决回避。

（2）有一定历史且正规的寄宿学校，学校的管理和学术水平还不错，只是由于某些原因，比如有些女校因为美国人对于单性别学校观念的变化导致近年来招生量减少，学校为了弥补生源而招收较多的中国学生。对于这类学校，如果没有更多选择而又很想去美国寄宿学校，是可以考虑的。这类学校中的中国学生往往存在着较大的差距，有好有差，所以要考虑好，孩子要有足够的自律能力。

（3）一些在美国本土排名较高并有一定知名度的学校，国际生比例虽然不是很高，但是相对于同档次的其他学校还是要高些。比如因为历史原因长期倾向于招国际学生，这些学校对于亚洲学生更加认可，管理上也更有经验。比如有的寄宿学校在中国的清政府时期就已经开始招中国学生了；韩国某家族企业祖孙三代都在某寄宿学校上学，因此多年来很多韩国人也都选择上这所学校。再比如加州的学校国际生比例普遍比较高，这和加州本身的环境和对于国际化的认可度是相关的。这些学校的学术、管理是有稳定的质量和口碑的，并不会降低标准招收国际生，所以这些学校的中国孩子往往都是非常优秀的。

另外，并非中国学生少了，孩子就能更快地融入美国学生中。作为一个在异国他乡生活的中国孩子，特别是英语水平尚没有达到运用自如、表达准确到和同龄美国孩子相当的程度，再加上文化背景的差异，能和美国孩子成为真正很好的朋友的还是少数。多数中国孩子的好朋友还是中国人。中国孩子中由于性别、年龄、性格的差异，也不是都能成为朋友。所以，如果中国学生过少，对于孩子来讲，实际的结果可能不是和美国孩子成为朋友，而是没有朋友。孩子去美国学习生活，与同学的交往是非常重要的一部分，如果能有比较好的朋友，对于他快乐地生活学习是非常重要的。

在一些中国学生较多的学校，由于大家个性、爱好等不同，往往会比较自然松散地形成不同的圈子；而在中国学生过少的学校，他们反而容易"抱团"。例如我们在某学校餐厅参观时，发现有一桌全是中国学生，询问之后才知道这张桌子默认的就是中国学生的固定桌子，别的国家的学生都不会去这桌，这种情况下，即使有个别中国学生想加入别的桌子，也会显得太另类而难以逾越。因此提前了解学校里中国学生的氛围很重要。

四、教会学校

教会学校是美国私立学校中的一个巨大群体，美国私立中学中有三分之二是教会学校。很多中国父母和孩子并非教徒，在选择教会学校时会有顾虑。实际上，由于在美国宗教信仰自由，教会学校也不会要求学生一定要有宗教信仰。同时，教会学校的氛围更像个大家庭，更强调相互关爱和帮助。教会学校相对校风较为严谨，对学生行为规范的要求更为严格。这些对于远离家庭的国际学生都会有很大帮助。

但是，在选择教会学校时也要注意以下问题。

教会学校里会有一些宗教活动，如果选择教会学校，学生要提前考虑对这些宗教活动是否可以接受。例如所有的教会学校校园内都设有教堂，学校的重大活动如全校集会、毕业典礼都是在教堂举行，以示神圣和庄重。学校通常每天都会有祷告时间，各个学校有所不同，如早晨上课之前、晚上睡觉之前等。周日一般会有礼拜活动。

在教会学校需要上神学课程。由于西方历史包括美国历史都和宗教发展史密不可分，学习宗教课程对于学习西方历史和文学都有帮助。但是由于《圣经》中的很多文字都是源于拉丁文并由古希腊语翻译而成，很多西方人耳熟能详的圣经人物、典故对中国人来讲非常陌生，因此宗教课对于中国学生来讲得高分比较难。所以如果在这方面有所顾虑，在选校时要问清楚宗教课是否计入成绩。

教会学校也有不同教派的区别，一般从学校名字就可以看出。常见的有"Catholic"是天主教学校，"Christian"是基督教学校，"Lutheran"是路德教学校，"Friends"是贵格会学校，"Adventist"是复临教学校。在选校时对于这些教派的教义和一些规定也要有所了解，看孩子是否都能接受，例如有些复临教的学校只提供素食。

五、单性别学校

美国的私立教育最初基本上都是单一性别学校，18世纪和19世纪的时候，私立学校基本都是男校。后来一些主张女性也有受教育权利的人士开办了女校。从20世纪60年代开始，很多学校就开始变成混校，但是很多单性别学校仍然存在，这两种形式的存在都有各自的需求。

主张单性别教育的人认为，男孩和女孩在青少年时期的发育上存在差异，单性别学校的教育可以做到更具针对性。

首先，单性别学校的孩子不容易受青春期感情的困扰。青春期的男孩女孩往往很注重异性的关注，会开始花时间和精力来注意自己的服装、仪表，心仪的异性是否注意到了自己，上课发言或参与活动有时也会因为异性的存在而担心暴露缺点。处在恋爱或单相思中的男孩女孩，往往会出现比较大的情绪波动而影响学习。而在单性别学校里就避免了这方面的干扰。现在的单性别学校一般都有自己的联谊学校，往往是另一个不同性别的单性别学校，在周末一起组织活动，弥补和异性交流不足的缺憾。

其次，单性别学校的管理和教育方式更适合不同性别孩子的心理特点，课程设计也更适合孩子的性别特点。例如，女校里会有更多适合女孩子的舞蹈、手工等课程，男校里则会设置更多的体育课程。

单性别学校里的孩子有更多机会打破固有的偏见，挑战自己性别的弱项。例如女校里的女孩在数学课、竞争领导职务等方面比混校中的女孩更有优势（在混校中担任领导职务的往往男生占多数）。美国的一个机构曾经专门对女校毕业生做过一项调查，结果表明所有的毕业生对女校教育都持肯定态度，其中93%的毕业生认为女校教育给了她们更好的空间去开发自己的领导才能，而80%的女校毕业生毕业之后都担任了领导职务。而男校的男孩在语言、艺术等课程上比混校的学生有更多表现机会。

主张混校的人认为，单一性别环境与学生们将来走向社会的环境不同，因此孩子们得不到与异性同龄人打交道的锻炼，这会导致他们将来在与异性的交往中出现问题。

六、学校规模

学校规模包括学生数量和学校面积。

从人数上看，大部分美国私立寄宿高中人数基本都在 300～400 名之间，但是规模大的可以达到 1500 名学生，规模小的可能不足 100 名学生。不同规模的美国私立高中具有各自的优劣势，需要根据个人的需求选择。人数多的学校由于学生多、老师多，开设的课程和体育活动种类也相对较多，经常是上百门课程、几十项体育活动。但是，人数多的学校的老师对学生的关注度相对较低，同学之间的关系也相对不是很紧密。而人数少的学校的同学关系和师生关系会更加紧密，老师对每个孩子的关注度也会比较高，有的学校校长甚至可以知道每个孩子的名字，还会给每个孩子过生日。但是，课程选择没有规模大的学校那么多，体育项目常常只有十几项甚至几项。

从面积上看，各寄宿学校相差比较大。在公布校园面积数据的287所寄宿学校中，最大的1160万平方米，最小的只有4000平方米。一般来讲，面积小的学校往往在城市中，离居民区比较近，好处是周末可以方便地参与一些城市活动，如购物、看电影、看展览、参加社区活动等；不好的地方是活动空间小，有的学校体育场甚至都是用社区的。而面积大的学校往往在比较偏远的地方，有的学校有自己的湖、山林、湿地、农场甚至滑雪场、动物园，大多风景优美。但这些学校往往交通不便，生活相对比较封闭。另外，在选择学校时最好实地看一下，因为标注的校园面积不一定是真正的有效面积，比如有的学校面积是指属于学校的面积，但真正的开发出的可利用校区面积并不大。

七、地理环境

1. 位置

从大的地理位置看，东海岸文化底蕴较好，中学周边的知名大学也多，但有些地区气候过于寒冷。西海岸气候适宜，氛围相对更轻松，但国际生比例相比东部高。东、西部沿岸的优质中学较多，同时竞争也最为激烈，费用较高。中部地区学校相对少，但竞争较小，费用较低。

2. 交通

从交通上看，从中国能够直达的城市（如波士顿、纽约、华盛顿、旧金山、洛杉矶、芝加哥等）附近两个小时内车程的就算比较方便了，应该优选。如果需要转机，要看自己所在城市附近是否有直达转机城市的航班，以及学校所在城市的机场距离学校有多远。如果需要转机再加上3个小时的地面车程，孩子每次放假往返就太辛苦了。

3. 气候

气候对于孩子们的日常生活影响还是非常大的。美国各地的气候差异很大，来自中国不同地区的孩子往往对气候的适应性也不同，让一个怕热的孩子去一个闷热的地方，或让一个怕冷的孩子去一个冬天漫长而寒冷的地方过四年对于孩子来说都可能会成为一种煎熬。所以在选校时一定要考虑当地的气候条件。

八、费用

根据 2017 年 FindingSchool 网站发布的美国寄宿高中费用排名前 100 所学校的情况，其中 9 所学校收费在 7 万美元以上，26 所收费在 6 万~7 万美元之间，其余都在 5 万~6 万美元之间。其中排在第 100 位的学校收费也有 57800 美元。总体来讲，美国东海岸和西海岸的学校费用较高，而中部地区的学费和生活费较低。

九、学校生活

- 对寄宿学生日常作息的管理：如自习时间是否有人监督？是否有签到制度？是否有断网时间和对手机的管理？
- 安全管理：如离校批准制度是否严格？宿舍管理是否严格？
- 假期安排：是否会在假期安排一些活动或安排临时的寄宿家庭，方便不能回国的国际学生？
- 餐饮：食堂饮食水平如何？是否有中餐（如果孩子很在意这方面）？
- 住宿：学校校舍是否老旧？几个人一个宿舍？卫生间和洗浴设施是否齐全和方便？
- 周边：从学校周边情况看，最好在半小时车程内有超市、商场、餐馆、影院等设施，这样孩子在周末可以出去买东西和吃饭，换个环境放松休息一下。学校周边是否有社区，可以有机会参加社区活动、公益活动？学校附近是否有较为优秀的大学，可以在高年级去大学上课、做课题？

- 医疗：在美国高中读书 4 年，难免可能会有小病或意外发生。学校内一般有医务室，但有些学校的医务室只有护士没有医生，只能提供非处方药。学校一般会要求购买统一的医疗保险，覆盖附近的诊所。如果孩子本身有一些需要长期治疗的疾病，需要经常去医院，就要提前了解学校周边的医院情况，并了解学校是否可以派车送孩子去医院或诊所。

十、学校财力

从"校务基金"可以看出学校的财物状况。财力雄厚的学校，才能吸引高水平的教师，提供良好的教学和生活条件，推出各种各样的活动和项目。同时，由于校务基金主要来自于在读学生家庭和毕业生的捐赠，所以也可以反映家长及社会对学校的认可程度。

附录：美国人对于好学校的标准

全美独立学校协会（NAIS）前总裁 Pat Bassett、寄宿学校协会（TABS）行政总监 Pete Upham 总结了优质寄宿学校的 25 个特点。总的来说，好的学校都能够以优质教育而吸引家长，能够培养学生好的性格、持久学习的能力和积极的公民责任。

1. 创立了植根于学校宗旨和价值观的、独有的、持续的学校文化，体现于学校的历史和当前，并能与时俱进。

2. 聘请并持续培养多才多艺的教职人员，他们享受教育、培养和指导学生的过程，并且把它作为一份骄傲的职业而不仅仅是一份工作。

3. 在学术课程之外能够建立起"第二课堂"，通过在课后、晚上和周末的各项"课程"来培养学生作为"人"的素质：思想、身体和精神。

4. 利用寄宿学校的全天校园生活，提高学术课程的质量、强度、广度及连贯性，鼓励学生与教师、顾问的沟通，促进学生的学术发展。

5. 修建、翻新、维护可以激励团队的良好校园设施，并在宿舍乃至整个校园培育强大的"导师"文化。

6. 创造一种家庭般的氛围，老师、辅导员，作为学生的导师，通过深入而有效的方式鼓励和引导学生，包括出席学生的各种活动（体育、艺术等）以及在需要时提供心理上的各种支持。

7. 设计体验式的学习机会：通过接触各种新奇的环境、陌生人和新挑战来增强学生的见识、信心和适应能力，深化学生间及师生间的团队精神。

8. 学校的所有目标中，培养"聪明并且善良（good and smart）"的毕业生是最重要的，性格培养是给个人和社会带来最大回报的基础。

9. 从不同的国家录取合格的国际学生，为国际学生提供丰富的美国文化体验，并为他们的美国室友、同学和队友提供一个"全球"体验。

10. 鼓励多元化，致力于培养具有跨文化能力的毕业生。

11. 通过经济资助或其他方式，录取来自各个社会阶层、经济阶层的学生，并尽力满足这些录取学生的经济要求，以保证他们都有机会参与学校的所有课程和活动。

12. 通过维持和发展学校的经济（校友捐款）、实体（学校设施）以及人力资产，实现学校的"机构性均衡"。

13. 在学校的能源储藏及开发、减少废物、食物供应商选择方面进行创新，并努力降低学校整体的碳排放，以此构造环境的可持续发展以及节约型管理模式。

14. 通过学生的杰出表现达到"口碑宣传"的目的，提供可作为学校代表性经历的各类独特的项目，以引人注意的方式，来吸引和录取符合学校宗旨的学生。

15. 监督并分析学校的竞争力状况，采用合理并具有说服力的策略，有原则地管理学校的品牌和其他各种资产，以长期提高学校的竞争力。

16. 在各个领域发展学生领袖，通过他们的个人成就和品格，向新生展示学校的价值观和期望值。

17. 创造出一种同事和领导层之间相互支持的工作文化，对教与学的新思维保持开放态度，对职业能力发展保持积极状态。

18. 组建一个以校友为核心、具有战略意识、积极与学校管理层互动的董事会，努力为下一代的学生打造一个更强、更长久的学校。

19. 创建、维持和支持一个富有雄心壮志的学校领导团队，他们不仅要秩序井然、管理可控，还要拥有应对各种巨大变化的能力。

20. 谨慎而广泛地接纳更加普及和有效的新技术，作为管理和授课工具，为学生的最佳学习体验提供"高科技＋高体验"的支持。

21. 要求学生和教职员工积极参与课外活动，使学生在艺术、体育、宣传、社区服务及其他类似活动中，产生和老师最自然的沟通。

22. 深化校友的忠诚度和参与度，鼓励校友通过各种方式回报母校：分享他们的故事，提供财力支持，积极参与志愿者活动，公开认可学校教育对于人生和职业成功的帮助。

23. 建立一种"辅导员系统"，培训所有老师、教练以及宿舍生活老师去细致了解青少年的心理、动机和社会性特点，明确所有教育人士都知道的原则：最有效的教育和辅导应该是"相互关联和体系化的"，而不是就事论事的。

24. 相信"发展理念"，坚信所有的学生在性格和学习上都能够持续发展，坚韧和适应能力是挫折的副产品，学生"既不是花园里唯一的玫瑰，也不是随时会被吹走的路边野草"。

25. 懂得"为学生做到最好"就是"为学校做到最好"。

5.2 为什么首选寄宿学校

按照当前的美国高中申请形势，寄宿高中的申请难度远大于走读高中。全美寄宿高中约300所，除去其中面向有学习障碍孩子的学校、军校等特殊学校以及无法接收国际学生的学校，可供中国学生选择的只有200所左右。而私立走读学校约3000所，并且其中有很多非常高质量的走读学校，例如波士顿的 Roxbury Latin School，Noble and Greenough School，Winsor School 和纽约的 Trinity School，Horace Mann School 等。很多私立走读学校学术水平都非常高，在当地也是非常难进的学校。

而且，由于寄宿高中总人数少，可以招收的中国学生人数也少。多数寄宿高中人数在300人左右，按每年招生中有5%中国学生名额算，也就三四个人。而对于总人数多在千人以上的走读学校来说，同样的比例，中国学生名额就会有十几个甚至几十个。

所以，很多顾问会推荐学生和家长选择走读学校，理由往往是，走读学校竞争没有那么激烈，不需要经过辛苦的标准化考试准备，就可以直接申请学校，甚至可以申请到学术水平很不错的学校；住在美国家庭更有利于提高语言能力和融入美国社会。

尽管上述理由有一定道理，但我个人认为，作为远涉重洋去读高中的中国学生，在没有家长陪伴的情况下，寄宿学校仍然是最优选择。因为，我们的孩子仍然是未成年人，高中阶段又是人生成长的重要阶段，在这个阶段的教育，不仅仅是学习，还有很多其他方面的培养。对于走读学校的孩子来说，每天的一半时间在学校度过，另一半时间在寄宿家庭里度过。在家庭里的这段时间，是包含了生活习惯、学习习惯、与人相处、生活技能等方面的培养，以及心理、思想、兴趣爱好等方面的成长的。对于寄宿在美国家庭中的中国孩子来说，寄宿家庭虽然可以提供食宿，但是很难像家长一样真正承担起教育孩子、帮助孩子的责任。

我们在美国华盛顿特区面试一所知名寄宿学校时，与几位等待孩子面试的家长一起聊天。坐在我们旁边的是一位穿着得体、言谈举止非常优雅的美国女士。当我问到她为什么送女儿来这所寄宿学校，是不是这所学校在当地的学术水平非常高时，她说："这所学校的学术水平很高，但不是这里最高的。在华盛顿地区，学术水平最高的是几所知名的走读学校。但是我想送女儿上寄宿学校，因为寄宿学校的教育与走读学校不同，对孩子来说将是一段特别的经历。我当初上的就是寄宿学校，这对我的一生都产生了很大的影响，所以我也非常想让我的女儿来上寄宿学校。"因为当时时间有限，我们没有深聊，但是回来之后，我也更多地去了解了美国寄宿学校的历史。

说起寄宿学校就不得不提到英国。在英国，寄宿学校的传统可以追溯到一千多年以前，在很多经典文学著作中都有体现。而美国私立寄宿学校多是在19世纪仿照英国的寄宿学校建立。美国大多数私立寄宿学校已经有超过一个世纪的历史，最多的已经有230多年的历史。美国最早的寄宿学校都集中在作为北美思想启蒙发源地的东北部地区。此区域有许多世界知名的大学，对教育的重视更是众人皆知，也是给所谓"盎格鲁撒克逊白人新教徒"为代表的上流社会培养接班人的地方，而这里的中学也被称为"大学预备学校"，至今仍有一些寄宿学校保留这样的校名。寄宿学校为上层社会的孩子提供更好的教育，而且让背景相似的学生有一个志趣相投的氛围，这提供了超越教育之外的交际空间，为学生长期发展提供了重要而宝贵的社会资源。经常会听说一个家族里好几代人进入同一所高中的世袭模式。

但是随着时代的发展，如今的寄宿学校已经平民化，学生家庭也以中产阶级为主，兼顾各社会阶层的子弟，很多寄宿学校为家庭经济条件不足以上私立学校的优秀学生提供高额的助学金。外国学生和非白人学生的数量上升到如今的15%左右，有些学校国际学生甚至达到了60%的高比例。

今天的寄宿学校在学术和社交方面仍然保持极大的优势，现在排在美国前100名的私立高中里，大约有四分之一是寄宿高中，而在前十名中，有近一半是寄宿高中。而私立寄宿学校数量仅为私立走读学校数量的十分之一左右。可见寄宿学校在学术上优势明显。

寄宿学校在学术挑战性、教师质量、学生在学习及课外活动中投入的时间、学校管理、与教师的相处、独立性、社交、时间管理的培养等方面，都有着非常明显的优势。寄宿学校当年就是为培养社会精英而建，它为孩子提供的不仅是食宿，而且是上课之外的全方位的管理和培养。特别是一些拥有一二百年历史的寄宿学校，他们的管理经验的积累已经使得它们在学校日常的管理中形成了一整套非常完善和细致入微的流程、制度，这是在寄宿家庭里不能相比的。

在寄宿生活中，可以很好地培养学习习惯、生活习惯。例如，很多寄宿学校要求晚自习要在老师的监督下进行，学生不能上网、使用手机等；而不少寄宿家庭的孩子回家后就把自己关在房间里，上网、玩游戏，也没有人管。

寄宿学校由于没有上学、放学等路程上的时间，孩子自然有更多时间用来学习和参与课外活动。比如，学校一般都会统一要求孩子课后参加体育活动，而走读学校考虑到各个家庭的接送情况就不会强制要求。

寄宿学校可以提供丰富的课后、周末活动，使孩子快乐、不想家。而很多寄宿家庭的孩子的课外活动要取决于寄宿家庭，如果家庭本身经常外出并且愿意带着寄宿的孩子还好，但有些家庭不经常外出，也没有什么活动，寄宿家庭的孩子的业余生活也就比较单调无聊了。

寄宿学校的饮食条件和水平更有保障。寄宿学校里学生多，所以在饮食的选择上也会相对多一些。而在寄宿家庭里，就要完全遵从于寄宿家庭的饮食习惯。有些美国家庭吃饭非常简单、喜欢吃冷食，中国孩子往往就会不适应。

另外，集体生活可以培养孩子的团队合作意识，孩子容易交到很好的朋友。寄宿学校的很多老师也生活在学校里，周末会经常邀请孩子们去家里玩、吃东西，师生关系也会更为亲密。

所以，在美国人的心目中，寄宿学校是"另一种学校"，它的培养目标、培养方式和走读学校是存在很多不同的，不是只比较课程、学术那么简单。这也是虽然现在大多数美国家庭都可以在家附近找到适合的走读学校，甚至是不用付费的公立学校，但仍然有相当一部分人愿意选择将孩子送往寄宿学校的原因。

当然，也并不是说走读学校不可取，只是不应该把上走读学校当成一种申请美高的捷径。相比于寄宿学校，我认为申请走读学校需要花更多精力仔细考察学校及寄宿家庭的各方面情况，孩子需要有更高的学习自觉性和生活自理能力，也需要性格上更外向和有主动沟通的意愿。所以，申请走读学校其实有着更高的要求。

5.3 如何看待美高排名

在选校时，一些家长经常产生困惑：美高的排名有不少种，有时同一所学校在不同榜单中相差很多，甚至同一榜单前后两年的结果也相差很多（详见附录：美国寄宿高中排名），这是为什么呢？

作为一个做过数据分析相关工作的人，我在为孩子申请美高过程中，对不同排名进行了比较后发现，确实不能简单地看排名结果，比如在选校时不能就觉得排名 40 的学校就一定比 50 的好，一定要具体分析。下面我就从排名方法本身来分析一下，怎样客观地看待排名。

美高排名一般有三种方式：单项指标排名、综合指标排名、主观评价排名。

一、单项指标排名

单项指标排名就是只依据某一项指标的数值优劣进行的排名，相对比较简单直观。美国在寄宿学校评估方面比较权威的 Boarding School Review 网站上就是按照单项指标进行排名的，包括在校生人数、寄宿学生比例、国际学生比例、学费水平、获得资助的学生比例、平均课堂人数、师生人数比例、持有最高学历的教师人数比例、捐赠规模、录取难度、课外活动、体育项目、AP 等高级课程开设数量、SAT 平均成绩、SSAT 平均成绩以及学校历史等十余项指标。在国内的 Findingschool 网站上，也可以看到大部分指标。

但是怎么看这些指标呢？下面就拿大家最关注的 SAT 平均分这个指标举例说一些注意事项。

不同于中国有高考分数这个非常统一的评判学校的标准，在美国，相对来讲，SAT 平均分排名是最接近于高考分数排名，也是中国家长最容易理解的指标，所以常常用这个指标来衡量学校的学术水平。而这个指标也确实在一定程度上反映了学校的水平。例如，SAT 平均分 1900 多分的学校多数要比 1800 多分的学校在学术上高一个档次，但也并不是绝对的。看这个指标的时候要注意以下几方面的情况：

1. 数据的真实性和全面性

我们所看到的 SAT 分数都是学校自己公布出来的，我们姑且认为这些数据是真实准确的，但不能排除有不真实和不准确的可能。

2. 指标口径

即使 SAT 平均分这样简单的指标，各个学校公布的指标口径也并不相同。比如，我曾在某网站几百所寄宿学校 SAT 排名的倒数几名中发现了某牛校的名字，进去仔细看才发现，一般学校的 SAT 成绩都是公布的三科总成绩，而这所学校公布的是两科总成绩。

3. 变化的原因

在 SAT 排行榜中，如果看稍早几年的数据就会发现，除了 20 名左右的学校在各种排行榜中的排名基本稳定外，有些学校的名次变化非常大。首先，寄宿学校每年毕业的总人数不多，很多学校一届只有几十人，又不一定都参加 SAT 考试，这一届参加考试的学生里出几个超高分或超低分就可能影响到平均分，虽然不会影响到大的档次，但是名次上下浮动10 ~ 20名都是正常的。

另外有些学校，如果你查 5 年前的 SAT 分，有可能和现在相差几百分。比如有一所之前我没怎么听说过的学校在某一年的 SAT 排名里一下子冲进了前50。正常情况下几年之间学校的教学质量不会发生这么大的变化。再详细看这所学校的数据，总共 100 多名学生，中国学生占了一多半。当然，中国学生多并不一定是坏事，但靠中国学生带来的分数提升，的确不能反映出学校实际水平的提升。

二、综合指标排名

所谓综合指标排名，就是根据几项不同指标，加权后综合算出来的分数，然后进行排名。我们所熟知的 Business Insider 排名就是综合指标排名。看综合指标排名时，一定不要只看结果，而要看这些指标是怎么来的，学校的某项具体指标是否符合自己的期望。需要关注以下两点：

1. 有哪几项指标

例如 Business Insider 美国寄宿高中前 50 排名主要基于各个学校的校务基金规模、入学率和毕业生 SAT 平均分指标。学美留学（一家顾问机构）也推出了自己的美国寄宿高中排名，它的指标包括了毕业生 SAT 平均分、录取学生的 SSAT 平均分和校务基金规模。虽然有一项指标有差别，但基本思路都是"入学时的学生素质、毕业时的学生素质、学校财务状况"三个方面的指标。

对比起来看，即使这么相似的两个榜单，仍然存在着差别，因为体现入学学生水平的入学率和 SSAT 平均分是两个不同指标。

2. 指标的权重

这一点比较好理解，不同指标的权重会影响到计算的结果。这也是为什么前 20 左右的学校怎么排都在前面，而后面的学校在不同榜单中会差别很大的缘故了。因为顶尖的学校之所以顶尖，确实是在各个方面都很好。而其他学校则会各有所长，同一指标在不同计算方法中的权重不同，就会导致结果不同。

三、主观评价排名

这种排名方式并不只是依据某些具体数据，而是还要依据对学校的主观印象。例如非常有名的 NICHE 排名，虽然结合了一定的客观数据，但是最大的特点是依据了大量的学生和家长对学校学术能力、教授资质、校园设施的质量、学生生活以及学生在学校期间的经历、对学校整体感受等主观评价的打分评论作为关键因素进行评定。所以，也有人称它为"美国学校的大众点评"。

我想，用过大众点评选餐厅的人就应该基本理解这种"大众点评"方式排名的利弊了，它的优势是真实性和主观感受，比如一个学校对学生是否关爱、是否让学生感觉温暖，很难通过客观数据得到体现，而主观感受打分就很能说明问题；另外这个打分包含更多的家长和学生的关注点，例如餐饮住宿条件等。但这种排名更适合于同一个地区、同一种类型的学校间的比较，而不适合大范围的排名。比如假设在中国进行这种主观感受打分方式的全国中学排名，在北京，家长和学生会认为人大附中这种学校是5分，给排名靠后些的某市重点高中A就打了4.5分。而B校是某二线城市中最好的学校，当地家长肯定打5分。如果全国排名，B校名次远高于A校，那么是否A校就不如B校呢？我们凭常识就知道答案是不一定的。对于这类排名，我觉得更有价值的是看对于学校你关注的那些点，家长和学生的评论中具体是怎么说的。

还有一种主观排名是由申请顾问依据申请难度进行的排名。例如在Findingschool网站上的"NancyFriends美高竞争力排名"，就是这种依据申请中的竞争力和难度进行的排名。不少顾问或顾问公司更倾向于提供这种排名，因为这种排名在申请选校的实际操作中更具有实用性，可以依据学生自身的条件对可以选择的学校进行初步定位。

但是，要注意的是，这种排名中的名次体现的是申请的难度，但并不一定体现学校本身的学术水平。例如：学校在一个比较偏僻的州，很多家庭不愿意去，所以申请难度相对低些，但是学校本身的学术水平很好；很多孩子不愿意去男校或女校，所以单性别学校录取难度低些，但实际学术水平超过同等难度的混校；还有一些学校中国学生名额很少，录取难度就更高些，但学术水平并不一定高于难度较低的一些学校。所以，同样条件下，如果你能接受单性别以及地理位置差一些的学校，也完全可以选到一所学术水平高、升学数据好的学校。

总之，无论家长还是学生，一定不要只看一个排名的结果就认为某个学校好或不好，要看不同的榜单，看不同的年份，看具体指标的计算方法，看某个学校的各项具体指标。至少对你选择的那几所学校要仔细看。另外需要注意的是，某些顾问提供的排名中会加入若干自己的合作校，这些学校的各方面水平、口碑都不够好，只要和其他排名稍加比较就可以发现。

附录：美国寄宿高中排名

BI 排名：Business Insider 排名
FS 排名：Findingschool 网站的排名
学美排名：学美留学机构排名

中文校名	英文校名	2015 年 BI 前 50	2016 年 BI 前 50	2015 年 学美前 100	2017 年 学美前 100	2017 年 FS 前 271
菲利普斯埃克塞特中学	Phillips Exeter Academy	1	1	1	1	1
安多佛菲利普斯中学	Phillips Academy Andover	2	2	2	2	2
劳伦斯威尔中学	Lawrenceville School	6	6	5	7	3
圣保罗中学	St. Paul's school	4	3	4	4	4
米尔顿中学	Milton Academy	8	7	6	5	5
乔特罗斯玛丽霍尔学校	Choste Rosemary Hall	9	10	8	8	6
霍奇基斯中学	Hotchkiss School	12	9	7	9	7
迪尔菲尔德学院	Deefield Academy	5	4	9	10	8
格罗顿中学	Groton School	3	5	3	3	9
米德赛克斯学校	Middlesex School	7	8	13	6	10
撒切尔中学	The Thacher School	10	12	10	13	11
塔夫特中学	The Taft School	15	14	17	11	12
卢米斯查菲中学	Loomis Chaffee School	18	17	20	12	13
希尔中学	The Hill School	27	34	27	29	14
康科德中学	Concord Academy	19	18	14	22	15
凯特中学	Cate School	17	16	16	24	16
圣安德鲁斯中学	St. Andrew's School	20	19	18	18	17
圣马可学校	St. Mark's School	25	26	15	16	18

（续）

中文校名	英文校名	2015 年 BI 前 50	2016 年 BI 前 50	2015 年学美前 100	2017 年学美前 100	2017 年 FS 前 271
克瑞布鲁克中学	Cranbrook Schools	24	24	19	27	19
佩迪中学	Peddie School	14	11	11	14	20
北野山高中	Northfield Mount Hermon School	26	28	42	26	21
布莱尔学院	Blair Academy	31	21	40	17	22
圣奥尔本斯学校	St. Albans School	16	15		32	23
艾玛威拉德女子中学	EmmaWillard School	28	32	24	21	24
韦伯中学	Webb Schools	21	23	39	31	25
摩尔西斯堡学院	Mercersburg Academy		37	34	23	26
主教高中	Episcopal High School	29	31	35	19	27
波特女子高中	Miss Porter's School	37	47	25	38	28
肯特高中	Kent School		27	32	39	29
布鲁克斯学校	Brooks School	33	39	38	28	30
圣乔治中学	St. George's School	22	20	23	15	31
霍克黛女子中学	The Hockaday School	11	13	12	30	32
伯克希尔中学	Berkshire School	34	30	31	37	33
乌德贝里森林学校	Woodberry Forest School	32	40	36	45	34
乔治城预科学校	Georgetown Preparatory School	30	29	23	34	35
伽文纳中学	Governor's Academy	13	33	37	25	36
史蒂文森中学	Stevenson School	46		45	51	37
萨菲尔德中学	Suffield Academy	35	38	41	35	38
威斯敏斯特学院	Westminster School	23	35	26	33	39
玛黛拉女子中学	The Madeira School	44		29	60	40
迈斯特中学	The Masters School	36	25	50	50	41
西城中学	Westtown School			33	64	42

中文校名	英文校名	2015 年 BI 前 50	2016 年 BI 前 50	2015 年学美前 100	2017 年学美前 100	2017 年 FS 前 271
印第安泉中学	Indian Springs School		48	30	43	43
西储中学	Western Reserve Academy	38	41	21	36	44
朴茨茅斯修道院中学	Portsmouth Abbey School	41		55	40	45
圣詹姆斯中学	Saint James School			74	81	46
威利斯顿·诺塞普顿中学	The Williston Northampton School	42		67	57	47
柯沃尔学院	Culver Academies		22	47	20	48
泰伯中学	Tabor Academy		44	43	42	49
阿什维尔学校	Asheville School	39		49	46	50
伍德赛德中学	Woodside Priory School			54	48	52
胡德尼斯学校	Holderness School	50		59	53	53
达娜豪尔女子高中	Dana Hall School	47		46	41	54
梳士巴利男子学校	Salisbury School	45		48	54	57
乔治高中	George School			44	52	58
圣安妮贝尔菲尔德学校	St. Anne's-Belfield School	48	50	62	66	59
圣斯蒂芬教会学校	St. Stephen's Episcopal School		43	64	55	60
俄勒冈主教高中	Oregon Episcopal School	40	42	52	49	61
米尔布鲁克学校	Millbrook School		45		85	65
湖森中学	Lake Forest Academy	49		66	47	66
威斯多佛学校	Westover School		36	56	44	69
沙特克圣玛丽高中	Shattuck-St. Mary's School		49	53	87	90
教会农场学校	Church Farm School	43		76	69	110
林顿女子中学	Linden Hall			28		113

第六章 /06

乐乐的美高生活第一年日记

乐乐去美高后，经常会在给我打电话时讲起很多美高生活中的事情，我说你应该把它们都记下来，以后看看多有意思啊。乐乐最初自己写了一些日记，后来学习忙了就没有坚持，她让我帮她把电话里说的一些她经历的事情记录下来。以下就是根据乐乐的日记和电话记录整理的部分内容。它们记录了乐乐在美高第一年由不适应到适应的过程，这其中既有新鲜有趣的事情，又有各种困难问题，还有自己的思考和进步。

2015 年 8 月 30 日　开学

今天是开学注册的日子，爸妈和我一起一早到了学校。上次面试时来学校已经是半年前了，还能想起当初看到美丽的校园时的惊喜心情，可今天再来到这里，心里却有一些紧张，我就要离开家在这里度过四年的高中生活，我能够适应吗？

在停车场一下车，就有高年级同学过来，热情地帮我们拿行李，带着我们去注册处注册后，又带我们去了宿舍。

我们女生新生住的是学校最新的一栋宿舍楼。走进宿舍首先感觉非常宽敞明亮。两张床，两个书桌，床下还有一个可以拉出的大抽屉。事先从学校的网上书店订购的课本已经被放在写着我名字的桌子上了。我住的是一层，窗外就是绿色的草地，景色非常好。

妈妈帮我一起把我的东西摆放在书架和储藏室里，在床上铺好我从家里带来的我最喜欢的一套被罩床单，房间里立刻有了点家里的感觉。

过了一会儿我的室友来了，是一个家在本州的美国女孩，她的父母和几个姐姐一起忙着帮她收拾东西。

我房间的对面住的是一个11年级的女孩，不知道为什么她会和新生住在一起。

收拾完东西我们在礼堂参加了新生和家长大会，今年老校长退休，刚来了一位新校长。新校长抱着小女儿、挽着夫人上台发表讲话，讲话时小女孩在校长怀里淘气地扭动，我们在台下都笑了，他却仍然坚持抱着女儿，直到讲完。这和国内校长威严的形象还真不太一样。

2015 年 9 月 1 日　开学前的活动

这两天都没有正式上课，而是搞一些类似于拓展的活动、游戏，很多在国内也玩过，比如踩气球、抢椅子，我们还以宿舍楼为团队进行比赛，这几天认识了越来越多的同学。

2015 年 9 月 2 日　开始上课

今天开始上课了，第一天上课每门就都留了作业，可英语、历史的作业我完全不知道怎么做，数学也比原来想象的难。同一个班上课的同学下了课就找不到了；找得到的同一宿舍楼的同学上的课以及作业也不一样。这里什么都要自己操心，完全没有了在国内有班主任、有班级的踏实感觉，心好累。今天又有点咳嗽，觉得很难受。

今天开始上晚自习，要求去餐厅学习，两个人一个大桌子，两个小时的自习时间内不能说话，不能打开电脑，管得还挺严。我已经通过同学弄清楚了作业是怎么回事并很快就做完了，看别的同学一晚上都在忙，也不知道自己还该做些什么。

晚自习后爸妈最后一次来看我，明天一早他们就回北京了。想到今后真的要一个人面对这些新的事情，我有些害怕，我真的可以吗？如果我适应不了怎么办？

2015 年 9 月 5 日　想家

今天是周末，有些还没走的家长过来把孩子接走度周末，我们几个家长已经走了的同学都有些没精神，各自回宿舍了。我给妈妈打了很长时间的电话，忍不住哭了。我是很少哭的，可是这一次也忍不住了。

妈妈和我说到来美国之前我们一起听过的一个去美高的女孩做的分享，那个女孩看起来很独立也很能干，但她说她也是用了将近一年时间才真正适应的。我给自己打气，过一段时间我会适应的。

妈妈还帮我联系了一个在美国读过高中，已经在美国上大学的女孩Tracy，让我在学习上有困难时可以找她。

2015 年 9 月 6 日　体育课

下午去参加体育课的帆船项目，教练是个很和蔼的老头，开车载着我们去了码头，还为每个人准备了冰水。我又认识了帆船队的几个高年级同学，他们都很友好。航海时旁边几米远竟然就是海豹！在国内时练帆船需要开几个小时的车才能到海边，一年也去不了几次，而现在每天下课都可以去啦。可惜我是初进队的，不可以独立驾船，而作为副手全程几乎没有什么上手的机会，我准备和教练商量下能否直接进入高级队，这样就可以独立驾船啦！

晚上学校举办了舞会，本来我没打算参加的，我不会跳舞，也没有参加过舞会。可是后来我们一群女孩还是一起去了，舞会还是很有意思的，大家随意跳，跳得好不好都没关系，但是非常热闹！

2015 年 9 月 7 日　上课

和国内上课比较标准化不同，这里的各科老师上课形式和内容都很个性化也比较有特色。因为每个老师都有自己固定的教室，所以连每个教室的布置都是按每个老师的想法来的。比如数学教室是像国内那样一排排坐着听讲的模式；英语教室是椭圆桌子，大家围坐一圈便于讨论；历史老师怕我们上课困不专心，干脆把椅子撤掉，我们全都站着上课。

环境科学课老师昨天上课带着我们去了海边。日语课上，老师讲到了日本的剑道，还带来了两把剑，我们跑到教室外面草坪上去练剑，好好玩啊。数学老师带着他家的狗来上课，他在台上讲课，他的大狗就在我们的课桌间跑来跑去。数学老师这几天每天用软件投票的方式征求同学意见，大家觉得作业有点多，老师就又减少了些。

感觉这里的老师自由度很高啊。

2015 年 9 月 8 日　晚宴

我们平时吃饭是在餐厅里吃自助餐，只有每周一晚上是正式晚宴。今天是第一次晚宴，去餐厅的一路上，看到学生、老师、老师家属全都正装出席，氛围挺特别的。

我们平时吃饭可以随便坐在哪个桌子，但晚宴时每个人有安排好的座位，以后每个月会调换一次座位。每个桌上都有老师和不同年级的同学。我感觉其实学校是把晚宴当成课上的，我们桌的老师给我们讲了一些规则和餐桌礼仪，比如在什么时候要说"谢谢""请"，哪些行为是不礼貌的，比如给我们桌上了一份菜大家轮流取餐时，再爱吃也不能超过每个人的平均量，还有在全是不熟悉的人的时候如何有礼貌地起个话头，如何和坐在旁边的人聊天而不太尴尬。老师还建议同学主动为大家服务，去厨房取来菜，端着菜挨个请大家取餐，饭后大家一起收拾好餐具、桌布。我一晚上腰都得直直地端坐着，吃得很少，又要表现出淑女般的优雅，还要尝试和周围不认识的人聊天，真是好累，饭都没吃饱。

我在国内每天都是穿运动款的校服，很少穿裙子，可今天要换裙子和高跟鞋，头发也得梳整齐，很多女生还化妆，虽然我不化妆，但还是比平时费了不少时间。学校对于正式活动的服装要求也很严，女生的裙子不可以露肩。每个男生进餐厅前要撩起裤腿检查袜子，不可以穿运动袜，否则就会被要求回去换袜子，我看到好几个男生可能因为偷懒穿了深色运动袜想蒙混过关，可是都被老师赶回去换了，真是有趣。

2015 年 9 月 9 日　作业

上课一个多星期了，各科作业都做过一遍，我现在也知道找高年级的学长、国内国际学校来的同学问作业应该怎么写，加上 Tracy 的指导，现在我开始懂得些门道，也就不那么慌了。

我感觉这里的老师对于过程非常重视，我想可能是让我们培养严谨的学术习惯，为上大学做准备吧。比如怎么查资料，怎么标注。历史老师让我们用一种软件，写记录卡，就是在搜集资料的过程中对于发现的所有素材，都以这种卡片的方式记录下来，今天竟然要求写 100 个卡片。之前英语老师在我的作文批改中就曾经说我对于资料的记录不合格，虽然我已经对所有引用的资料都注明了出处，包括出自什么书、作者、时间等，但老师要求我对于从网上找的一些资料，还要把每一句引用的话都要注明网站出处，以及用什么关键词搜索出来的。还有在写作业的格式方面要求也很严。除了数学作业手写外，其他所有作业都要按要求的格式打印出来交给老师，字号、间距、题目怎么写等都有严格要求。

这里的作业不能只简单回答问题，这样得不了高分，还要根据书里内容多角度分析论证。想达到更好的分数还要从网上查找一些资料补充。

英语老师让我们写了一篇作文，每天的作业就是继续修改。这里也不是完全不为考试准备，英语老师现在就开始让同学背 SAT 单词，每周五还要考试。老师要求记住每个单词的所有用法，每个用法都会造句，有点像国内小学学中文词汇的要求，不仅要记住意思而且还要会用。

演讲课布置了一个小题目，周五就要每个人在课堂上演讲了。

2015 年 9 月 10 日　电子化的校园

这里和国内学校不同的是，电子化非常普遍，电脑是学校要求必备的，其实手机也基本是必备的。

开学时学校给我们每人分配了专门的电子邮箱，学校有专门的部门在我们的电脑、手机里安装学校的一个管理软件，老师通过软件给我们发通知、留作业、沟通。我也可以通过软件查到学校的每个老师、同学的联系方式。特别是遇到一些临时的事情，例如临时的活动、老师的课取消或者调换教室，手机软件就可以给我们及时发送信息。所以，虽然学校禁止上课和在食堂吃饭时使用手机，但我们一下课就会查手机里的信息。

学校里 Wi-Fi 是全部覆盖的，学校已经给我们的电脑设好无线打印，我在宿舍、图书馆都可以以无线方式方便地打印作业。

开学时学校在每个人的电脑里，同时也要求大家在手机上安装学校的上网控制软件，上网的时间、上网内容都可能被学校监控，学校还屏蔽了一些游戏、视频网站。虽然手机不交给老师安装老师也不知道，但是如果不安装这个软件，就无法用学校的 Wi-Fi。所以大家还是都乖乖地把手机上交安装了软件。

2015 年 9 月 11 日　美国同学

我的室友并不像我在夏令营的那个室友那么外向、爱说话，她话不多，我也不是很爱说话的人，所以刚开始时，我们相处得有点儿尴尬。但现在我和室友开始熟悉了，共同交流的感觉很好。室友家住在离学校两个多小时车程的地方，周末她妈妈可以开车接她回去。学校要求第一个月里住宿生都不可以回家，室友说打算在学校住得更久些，6 周后适应了再回家，省得回家后再回学校不适应。

因为我们的宿舍就在一层，还靠近大门，每天上体育课之前，室友曲棍球队的队友都来我们宿舍换运动服，所以我和她们也逐渐熟悉了。我今天还给了她们几个中国特色小礼物，她们特别高兴，晚上还拉我一起吃饭。吃饭时说到她们其实多数也来自公立学校，她们也觉得来了这里以后很多地方需要适应。因为公立学校里也是讲课式的，不像这里有这么多课堂讨论需要准备。而且初中作业很少，没有这里这么多。她们有的人也觉得压力很大，甚至做作业时都急哭了。原来即使是我觉得比自己有更多优势的美国同学，也同样需要适应新的环境。

今天下午我没有体育课，别人去上体育课时，我靠在宿舍床上，窗外的阳光晒在我漂亮的被罩上，暖洋洋的。窗外的天很篮，草地很绿。我的心情很好，感觉自己开始适应这里了。

2015 年 9 月 15 日　帆船课的新问题

体育课出现些问题，选帆船队时原以为自己在国内练过，又有初级证书，可以直接进高级队，一周上 5 次课。可今天公布分班结果我却被分到了初级队，教练说所有人都得从初级队开始。可初级队一周只上两天课，按学校一周最少 4 天体育课的要求，我还得再选修另一门体育课。而现在热门的体育课几乎都已经报满了，并且时间上需要和周三、周五的帆船课时间不冲突，现在估计比较难了。我准备再找老师商量下看能否争取进高级队，不行就只能放弃帆船另选项目了，这样又得和别的项目的教练逐一商量。这里虽然有不少选择的自由，但是也好麻烦啊，需要自己协调处理的事情真多。

2015 年 9 月 16 日　错误不断的一天

今天很不幸，连着犯了几个错。

宿舍每天早上会查卫生，所以我去上课之前都要收拾好房间。今天早上走得匆忙，没叠好被子，结果中午收到宿管老师的一个罚单，罚我周六用吸尘器打扫宿舍楼的公共区域。这个处罚还算好干的，听说其他同学还有被罚倾倒整个宿舍楼的垃圾，清理所有洗澡间下水道口的头发之类的。其实这些工作平时都是由清洁工做的，这样只是为了让我们记住下次别再犯错。

下午最后一节科学课做实验，下课晚了几分钟，其实离帆船队集合时间也只晚了几分钟，可是教练没有等我就出发了。本来教练好不容易答应今天上课时再给我一次测试的机会看能否进高级队，这下也泡汤了。我回宿舍后还得写邮件向教练说明原因。下次知道了，上课晚一分钟也不行，得提前给老师打电话商量。

没上成帆船课心情郁闷，今天作业也不多，我就看了会儿视频，结果忘记了晚饭，晚饭时间快结束时我才匆忙跑去吃饭，却又忘记了签到。结果晚上三个老师以及三个高年级 PREFECT 分别来找我谈话，问我是否心情不好，遇到了什么问题。我还真是心情不好，和她们聊聊感觉也挺好。

2015 年 9 月 20 日　学长

我最近才知道住在我宿舍对面的 11 年级学生是 PREFECT。PREFECT

就是优秀的学长的意思。我们每个新生宿舍楼都住着几个PREFECT，负责新生宿舍楼的管理。她们是11年级的同学，经过申请和学校审核后获得该职位，都是学习好又擅长和同学交往的人。她们的工作包括检查卫生、处罚，每天值班的人还要负责和管理的每个新生谈一次话！11年级本来就是功课最多、学习压力最大的年级，又要开始准备申请大学的SAT考试，这么忙的情况下还能做这些管理工作，让我很佩服。我现在觉得PREFECT特别了不起，一听说谁是PREFECT立刻就觉得高大了许多。

我感觉在这里，学生会干部、学长地位很高，甚至比老师还让我们仰视。平时老师对我们都很和蔼，倒是管理我们的学长很严厉。比如说在晚自习时，未经许可是不允许用电子产品的。有一次我忘记申请直接拿出Pad想查字典，立刻有负责管理的学长过来批评我。学校里有一些不成文的规定，也表明了学长的权威。比如在学校班车上座位不够时，要让学长坐。

2015年9月21日　美食

这个周末我们天天吃美食，周五吃了饺子！周六吃了比萨！周日吃了中国菜！

虽然在国内时我不太爱吃饺子，但是在这里觉得特别好吃，可能太想念中餐了。食堂应该是从亚洲食品超市买的速冻饺子，不过也很好吃了。不光是中国同学，所有亚洲同学的面前都堆了好几个盘子（一盘只有6个饺子），很多美国同学也爱吃。

虽然比萨是美国常见食物，但是我们学校平时是追求健康、有机食品的，连薯片都是健康无油做法的，所以一般不吃比萨这种好吃但不够健康的食物。这周六竟然吃到了美味的比萨，我们都很开心。

从中国学长那里知道，学校附近有一家中国餐馆，可以电话订餐，只是送餐费比较贵，几个人一起订餐比较合算。周日中午我们几个新生一起订了古老肉、麻婆豆腐等几个菜，送到学校后我们美美地聚餐了一顿。

2015 年 9 月 23 日　演讲

在美国感觉演讲是一项必备的基础技能，还记得来学校的第一周，我们就参加了一个讲座，主题就是如何听演讲。我原来不知道坐在那里听也有讲究。讲座上老师讲了怎样发出不同的感叹声或者用动作对演讲的内容表示赞同、感叹、不以为然等，还带着我们一起练习发出惊叹声，蛮有趣的。

演讲是第一学期的必修课。到目前为止，演讲课上老师已经讲了怎么写稿子、怎么加入例子、开玩笑、身体语言、目光等，还带着我们看 TED 进行分析。下次课老师还要带我们去图书馆，现场讲怎么给演讲稿找素材。之前老师已经让我们练习了讲开头、结尾，从下周开始我们就要做完整的演讲了，这门课作业好多，几乎每次课后都有需要写的作业。

今天的演讲课还做了个游戏，就是每个人看着自己面前的一排人，当你目光注视某个人的时候，那个人要说 flick，如果没有人说或者好几个人同时说就算输。这主要是锻炼你在台上时目光不能飘忽，看谁时要让对方感觉得到。

其他课上也会进行演讲。最近环境科学课要求每人用 PPT 做一个课件上台讲课。这个作业已经做了几天，老师每天讲新的内容也对作业有新的要求，比如第一天留的作业是收集资料，老师讲了如何在图书馆和网上收集资料；第二天老师请了一位做 PPT 的专家给我们讲怎么做 PPT；第三天又讲如何在台上讲课。我每天都要补充很多内容，不断调整。

今天在科学课上我终于完成了演讲作业，这次演讲是讲一次课。讲完老师做了点评，虽然老师的点评主要是鼓励，但我还是意识到自己没有把要点讲全，而且我对这次演讲的理解还是过去在国内"精彩展示"的概念，就是讲一些"点"，但现在明白老师是要求我们通过 PPT 把线索理清楚，把整体的概念有逻辑有层次地告诉给听课的人，我离这个要求还有差距。

2015 年 9 月 24 日　水球队

之前因为帆船队教练不同意我上高级队，我决定还是换一个项目。可是这个时候各个集体项目几乎都报满了，只剩下网球、健身、瑜伽之类的个人项目，但我还是想上一个集体项目。水球是唯一还有名额的球队项目，因为对游泳基础要求比较高，又比较累，所以现在还没有报满。水球教练对我的游泳水平评价很高，一试就同意了。一星期 5 节课，每天下午都要在室外游泳池上两个小时的课。估计一学期下来我得成黑人了。这个队只有 3 个新生，其余的都是高年级生，人都很好，初次见面都主动找我打招呼，说"你刚来但是好棒啊"之类的话鼓励我。

因为要和男生水球队共用一个泳池，所以要分时间段训练。这周男生 15:30—17:30 训练，女生 17:30—19:30 训练。两个小时的训练中间几乎不休息，训练结束也就到了晚自习的时间，我们赶紧去餐厅取了盒饭赶到自习室，匆匆吃完饭后抓紧时间写作业。这一周简直累死了。

不过今天的水球课有高级队的校际比赛占用泳池，我们初级队就不训练而改成看比赛。这里只要一有体育比赛，球队中走读生的家长都会来看，如果有重要的比赛甚至还有寄宿生的家长坐飞机过来观战。家长们会带来很多好吃的，冰激凌、冰镇饮料或者自制的蛋糕、爆米花之类，分给我们吃，我们坐在看台上一边大吃大喝一边看比赛，真是太幸福了。

2015 年 9 月 27 日　糟糕的历史课成绩

昨天发了历史考试的成绩，我考得很不理想。我很为之苦恼，我之前认真看了书，看的时候那些地方也明白，但书上的内容太多了，它们在我的脑子里不能形成相互之间的关系，所以就总是记不住。我们的书不像国内的历史书只有薄薄一册，而是厚厚的一本，每天要读几十页，现在讲的又是美索不达米亚之类的古代历史，各种人物、时间、地点在我脑子里混成了一团。在国内上历史课时，老师会把知识点和它们之间的线索关系都梳理好讲给我们，重点、考点也会告诉我们，我唯一要做的就是努力把老师要我们记住的东西都记住。但是在美国，看起来不能指望老师帮着梳理线索和重点，只能靠自己。

历史老师在课堂上很严肃也很厉害，昨天我抱着试试看的想法通过邮件和他约好下课后去教室找他，向他讲了我的困惑。没想到老师在课下非常和蔼。他让我在沙发上做历史读书作业，他做他的事情，我有读不懂的地方就随时问他，他也会问我一些问题，考查我是否真的读懂了这一段，不懂的问题在哪里。最后，老师帮我分析了我读书中都有哪些可以改进的地方。比如，他建议我不懂的词还是要每个都查字典，我之前图快，懒得查那么多，很多时候不认识的词就靠猜跳过去了，这样确实就造成了理解的不准确。他最后说今后如果有什么不懂的地方可以随时找他，还把他每天有空的时间都告诉了我。

更让人意想不到的是，今天晚上历史老师还安排了一位高年级的中国学姐来宿舍帮我。这位学姐的历史成绩极好，她看了我的笔记后告诉我，我的读书方式太粗了。她给我看了她的读书笔记，我都惊呆了，她的笔记内容很多，但工工整整，不仅是记录下来要点，还自己梳理了时间线索、人物关系图等。她还给我讲了一些具体的经验，例如用不同颜色的笔标记不同的人名、地名，每次读到新的人名、地名的时候就回看前面的，这样对比看就不会总搞混了。

我这才明白自己的成绩为什么低了，老师留5道题，我只花20分钟把书看完就答题了，而她可能先花一两个小时看书和做笔记，分析题目的深度含义和逻辑，成绩肯定是我不能比的了。

前几天和室友及几个美国同学一起做历史作业，才发现语言的障碍带来的困难有多大。他们可能根据上课听到的就直接做作业了，而我可能有不少听漏了的，需要自己看书补。看来作为一个外国人，要想取得同样的成绩，我需要比美国同学付出多得多的努力。

2015 年 9 月 29 日　关于怀孕的讨论

我们每周都有一节讨论课，由几个高年级同学带我们一起讨论某个主题。昨天讨论的问题是，如果你的朋友或恋人怀孕了，你会怎么办。我们这些新生没有什么经验，主要是高年级同学在说，让我惊讶的是两个高年级男生说到如果女朋友怀孕了时都表示："她想怎样就怎样，想要小孩就生下来，不想要就不生。"似乎和他们都无关。我想这种讨论就是让我们知道，自己要对自己的行为负责吧，作为女生，一旦有了什么事情可能真的不能指望别人负责，而要自己对自己的身体和行为负责，要考虑好自己能否承担这样的后果。

2015 年 10 月 2 日　时间管理

我发现到这里后我的时间管理能力提升了不少。我现在需要规划好自己每天什么时间干什么，到哪里上课，参加什么活动，什么时间做什么作业，连什么时间洗澡、洗衣服都要计划好，有时候要精确到分钟。包括找老师、协调各种事情都得靠自己计划好，以前老听人说要做计划，我还觉得没必要，可现在不计划真的不行啊。

今天晚上我花10分钟就洗完了澡，在家洗澡时我可是没有少于半小时过。我现在起床也很快，早上7:20起床，7:30就可以出发去吃早餐。

高年级的同学告诉我，9年级最重要的是掌握学习的节奏，就是你知道自己要取得什么成绩，需要花多少时间在学习上，自己协调好学习、体育、社交这些事情之间的关系。

2015年10月3日　周末活动

今天是周末，没有晚自习。晚饭后宿管老师通知我们回宿舍吃甜点，去了才知道除了吃冰激凌还有一个活动，就是把两个不熟悉的人分为一组，要一起聊25分钟，可以在校园里边走边聊。与我分到一组的是住在另一个宿舍楼的美国女生，我俩平时没有什么交集，见过面但没说过话。但是接触之后我发现我们有很多共同语言，性格、兴趣爱好都相似，聊得非常愉快！我们在校园里边走边吃冰激凌边聊天，校园里还有很多同学像我们一样两两边走边聊，很喜欢学校用这种方式给我们创造交友机会。

因为有活动，我们宿舍楼里来了不少其他宿舍楼的同学，我又认识了几个新朋友，有韩国人、美国人。我们聊得很高兴，还一起去排球馆打排球，好开心！

我现在在这里觉得越来越好，学习、生活、社交各方面都渐入佳境。虽然也挺累、压力也挺大，但是很高兴，觉得自己每天都有进步，都有收获。我听这里的美国同学说，这里比她们原来的公立学校好很多，原来的学校就像美国青少剧里那样，同学中有核心圈子，在圈子外的人就会受欺侮，经常被别人嘲讽，所以常常需要很小心。而这里的人都很好，特别是高年级同学，他们都那么优秀，那么乐于帮助别人。美国同学也感觉来这里之后更加放开自己，更快乐了。我觉得高年级同学真的是每高一年级就更优秀，一定是在这里受的教育让他们在不断进步。看到他们我仿佛就看到了未来更优秀的自己，我真的充满信心，也更愿意努力，好让自己变得更好。

2015 年 10 月 6 日　听演讲

周一的晚宴后我们照例去礼堂听演讲。今天演讲的是一个高年级的中国女生。她的英语其实并不是很好，但是讲得很感人。她最初到美国时被中介介绍到一个走读女校，环境很不好。她想转学，但是因为已经是高年级了，很少有学校会接受。她的父母无能为力，转学的事情全都是她自己做的，包括去找她当时所在的学校协商、找老师提供推荐信、自己去参加考试等。要知道一般学校都不太愿意学生转学，也不一定会配合提供申请的资料。她一度非常着急，甚至有些绝望，但最后是我们这样好的一个学校给了她录取机会。

这让我想起我们当初在面试 D 学校时带我们参观学校的那个中国女孩。她也有非常相似的经历，也是全靠自己从走读学校转学到了寄宿学校。当时她也是高年级了，各学校几乎都没有了名额，甚至她提交申请时已经过了截止时间，但是她尽最大努力去争取，包括给学校写了"一定要录取我的十个理由"，当时让我也很受启发和激励。

我一方面庆幸自己当初没有像很多人那样，中介介绍了一个学校就去了，去了才发现学校不好。另一方面我也非常佩服这个学长这样的人。如果单从成绩看，其实她们两个和其他申请者比都不是非常优秀的。但是她们能够靠自己的争取改变了自己的命运，真的很了不起，不论是决心、勇气，还是自己做这些事情的能力，都是超过很多人的。

2015 年 10 月 13 日　spirit day

这个星期是学校的 spirit day，要求同学们每天都要穿不同的衣服。今天是睡衣日，大家都要穿睡衣上课。我没好意思穿真正的睡衣去上课，而是穿了比较休闲的家居服，但是看到很多同学穿着很可爱的小动物的睡衣，还有老师穿着睡衣和拖鞋去上课了。明天是双胞胎日，好朋友可以穿一样的衣服。我已经和朋友商量了一起穿的衣服的颜色和样式。周四每个年级穿一种颜色的衣服，我们年级竟然是黄色，我没有黄色的衣服，还得找同学问问能不能借一件。

2015 年 10 月 17 日　生病

可能前几天参加学校组织的看鲸鱼活动时在海上吹了冷风，我感冒了。我去医务室要感冒药，他们这里可真严格，即使是泰诺之类的感冒药也控制只给一天 3 次的量，止咳药水本来是一满瓶，却要倒出来一天量的一小点，还登记了取药是几点几分，拿了什么药，拿了多少。周末时想去药店买一点，可是没有 18 岁以上的身份证明连感冒药都不能买。有点后悔当初按学校的要求自己一点药也没敢从家里带来，现在需要每天去医务室拿药，太耽误时间了。不过护士发药时还搭配着棒棒糖和巧克力豆给我，好像我只在幼儿园时享受过这种待遇吧。

2015 年 10 月 26 日　开除

今天我们学校开除了一个高年级男生，他是 head prefect，所以应该平时表现非常好的，就因为喝了酒而被开除了。我听说去年学校里曾有一些学生在聚会时喝酒，事后学校无法确定他们谁喝谁没喝，就把他们全部开除了，因为没有喝酒的同学也没有按学校要求举报。真是好严格啊！

2015 年 10 月 27 日　中国历史

我们在历史课上学完古代巴比伦、埃及、印度后，今天开始学古代中国了。我们的历史老师挺有意思，每次都根据上课的内容来布置教室，经常看到他指挥学校的工人在教室里叮叮当当地安装东西。比如最近讲中国历史，他就在教室里按顺序挂上了中国各个朝代的可伸缩的地图，讲到哪个朝代，就把那个朝代的地图拉下来，有时候还把不同朝代的地图对比。

虽然中国历史在国内已经学过，但这边老师讲的内容和角度与在国内时学的不太一样。像尧舜禹这段历史，我过去学的就是一笔带过，只记得一个大禹治水。这次学时知道了尧建立了家庭制度，舜开创了水稻种植。我们还重点讨论了类似于"大禹治水三过家门而不入"这样的故事是否真的发生过，那些发明是否真的是尧舜发明的以及为什么要这样做、这样做有什么好处等问题，关注点并不只是历史事实，还有怎么客观地看待历史。

2015 年 10 月 28 日　和室友的沟通

最近我的室友和她的几个朋友每天都聚在我们宿舍，放那种很吵的音乐，大声聊天尖叫，吵得我心烦意乱。我刚开始尽量忍着，甚至到宿舍外的楼道里去学习，我觉得她看到了总应该意识到是打扰我了吧。可是她们的声音却越来越大，一点也没有感觉到影响我，我实在忍受不了了。我就明确和室友说，请她们安静些，我要学习。她们马上就小声了，但是下次又忘记了。我提醒了几次之后，她们终于转到没人的宿舍听音乐了。看起来和美国同学沟通不能太含蓄，暗示不管用，必须明示。

2015 年 10 月 29 日　差点受罚

学校每天都要组织一次全校集会，要求每个人必须参加，由导师统计所负责的同学是否参加了。我今天到礼堂开会时远远看到了我的导师，我以为她也看到我了，再加上马上要开会，我就犯懒没有专门过去找她报到，结果会后就收到一个说我没有参加会、要进行处罚的邮件。我下课赶紧去找导师解释，她不在办公室，我只好给她发邮件进行解释。然后又发邮件和教务处负责这事的老师联系，约好时间过去。她当场提问我今天会上说的一些内容，然后又让我找了 3 个可以证明我今天到会的同学。最后虽然没有对我进行处罚，也让我惊出了一身冷汗，心想以后可一定要记住不能再犯懒了。

2015 年 11 月 10 日　宿舍开放日

今天九点半下晚自习后突然收到通知有 open house 活动，就是开放一个男生的宿舍楼让我们去参观。平时我们是绝对不被允许进入异性宿舍楼的，只要发现就直接处分甚至开除。大概是为了满足我们的好奇心，也可能是为了激励大家大扫除一次，学校会不定期安排开放参观某个宿舍楼的活动。据说男生是今天早上收到的通知，他们把宿舍收拾得非常干净整齐，甚至超过女生宿舍，让我们很是惊讶，我们几个女生嘀咕下回开放日我们宿舍至少得照着这个标准收拾。

2015 年 11 月 11 日　我的进步

我觉得自己自开学以来进步特别大，简直不能相信其实仅仅过去了两个月的时间。刚开学的时候，老师让写一篇题为"我佩服的人"的作文，当时简直让我一筹莫展。那时候还没开始上体育课，下午 3 点以后都没有事情，可是我还是觉得做不完。而现在，比如今天，英语老师留了 7 页 A4 纸的阅读，还要写一页的作文；数学要做 10 道题；日语作业要把 15 个句子从英语翻译成日语；演讲课要写一篇演讲稿。以上所有作业，我在晚自习结束时已经全部做完！

想到两个多月前，我发愁到几乎想打退堂鼓，当时的我肯定不敢相信如今的自己可以发生这么大的变化。

2015 年 11 月 13 日　戏剧班

我们的体育课时间也包括了艺术类的活动，因为我在国内参加过戏剧活动，就想下个学期不参加体育班而参加戏剧班，所以前几天连续参加了下学期的戏剧班面试，一天考了舞蹈和台词，一天考了唱歌。昨天收到通知被选上了，也收到了剧本，但我今天最终还是决定放弃了。

戏剧班每学期会排一部剧，期末时演出。这学期排演歌舞剧《歌舞青春》，这是一部非常经典的剧目，可是我被安排的角色一句台词也没有。但是因为是歌舞剧，可能会有合唱和群舞部分。我从高年级生那里了解到刚参加戏剧班的基本都是从这种龙套角色演起，以后逐渐才有机会演重要角色。连我的一个中国同学，之前是国内一个著名电视台少儿艺术团的主唱，唱歌表演都很有经验的，也是给分配了这种角色。

我们今天还收到一个协议要求我们签字，上面有下学期每一次合练的日期和时间，具体到几点几分。我看到，在接近期末考试时也是最密集排练的时间。我问了之前参加过的同学，龙套演员大部分排练时间是没有事情可做的，但是每次排练时都要准时到，虽然老师说可以在台下做作业，但是我还是觉得浪费时间，不如去干些别的。但是没有跑龙套的基础也就不会有机会去演主要角色，也就意味着我放弃了在学校里戏剧方面的发展机会。虽然有些遗憾，但我还是决定去做一些更想做的事情。

2015 年 11 月 17 日　考试成绩

最近接近期末考试了，很忙。这里的考试感觉比国内还多，每科几乎都是一周一小考，两周一大考，5 科轮着来，觉得几乎天天都在考试。一个学期总共不到 3 个月，刚开学一个多月就是期中考试，再过一个多月就是期末考试。而且期中期末考试前没有专门的复习时间，讲完课就考试。

这里很重视写作类的内容，除了数学，各科都有作文、演讲，考试时也会写作文。同时又有很多类似于国内的知识点型的考试需要自己记。比如科学课现在讲火山，老师讲得很细，地球的构造，熔岩的形成、流动、喷发，这些都要记住。数学课不像国内每个点都讲得很深入，做很多练习题，而是会讲很多知识点，但都讲得不细，每个点也都只有一道练习题。

今天发了历史的平时成绩，老师是把每一次作业、quiz（小测）、test（考试）、presentation（演讲）、project（项目）都记了分。然后按不同的分值比例计算总分，非常细。虽然还没有期末考试，但是我这学期的成绩基本就确定了，除非之前的平时成绩刚好处于边缘，比如差 0.1 分可以升到 A 或降到 B，否则期末成绩不管考得特别好或特别差，基本都不会改变整学期成绩的级别了。我说怎么期末考试前我拼命复习，可看周围的很多美国同学都不着急呢。

2015 年 12 月 5 日　开放日志愿者

今天学校搞开放日参观活动，主要面向一些想申请我们学校的学生和家长，开放一些课程及体育、艺术活动，参观学校、宿舍，还有讲座、交流等。活动规模很大，我和不少同学都报名成为活动志愿者。我们每个人都被分配了不同的岗位，同时收到一个针对自己岗位并写着自己名字的培训资料，写了自己的工作位置、工作时间、工作内容、自己岗位的上一环节是谁、下一环节是谁、有问题该找谁、注意事项等。比如我的岗位是在礼堂门口迎接客人，我的上一岗位的同学是负责从停车场接人后交接到我这里，之后我负责把人领到礼堂里面交接给下一岗位负责安排座位的同学，这个过程中我需要怎么和客人打招呼、介绍哪些情况，材料介绍得非常细致和清楚。

今天来参加活动的家长和学生非常多，志愿者也很多，但我们却都有条不紊，不像以前参加过的一些志愿活动那样大家堆在一起不知道干什么，而在一些需要服务的地方又没有志愿者。这种把一个大活动细致分解的方法值得学习，这样虽然第一次做会很麻烦，但是这些资料保留着，以后再搞这种活动就会非常轻松高效了。

2016 年 2 月 14 日　情人节

今天是情人节，我们宿舍楼组织了一个活动，每人随机抽取宿舍楼里的两个人，给她们写卡片，写出你敬佩这个人的地方。我收到大家写给我的卡片后，看到自己有那么多优点和值得别人敬佩的地方，感到非常开心，很受鼓励。

前几天学生会还卖玫瑰花糖，付款后只要写好卡片和送给谁，他们就会替你送去。其实大部分人不是送给男朋友或女朋友，而是送给自己想表达喜欢或者感谢的人。我送给了给我辅导科学课程的高年级女生，她帮助我非常认真，我也很佩服她。她不光是学霸，还是学生会中两个组织的负责人，她一定很忙，可是她对于辅导我一点也不敷衍。我是通过学生会的辅导志愿者组织找到她的。她做事非常有计划，专门去找我的老师问了教学计划和考试时间，帮我按照老师的要求复习，还把我的考试时间和需要复习的时间都写在她的计划表里，考试前三天还给我发短信提醒。我的科学课从之前考得很糟，到现在得全班最高分，我真心感谢她对我的帮助。

我感觉这里的人很注意对别人表示感谢，Thank you 整天挂在嘴边，不仅得到别人的帮助你时会表示感谢，有时候甚至是帮助了别人也会说谢谢。比如住在学校里的老师周末去远一些的商场超市购物，就会主动在学校线上社区里发布消息，同学们就可以报名搭车去。这对我们这些整天封闭在校园的同学来说是很好的福利了。可是回来后老师还对我们说："谢谢你们，让我的这次行程不枯燥，非常有趣！"

2016 年 2 月 17 日　领导者

今天有个选下学期学生会 leader（领导）的活动。这里的学生会很有权力，学校里的活动甚至是一些管理都是由学生会负责。所以每年的学生会选举就非常隆重。先有面试，最后有竞选。我感觉就像成人社会的竞选一样，非常正规。负责活动的老师建议我们都去参加，他说参加这种活动，是否当选并不是最重要的，而是在这个过程中可以去思考什么是leadership（领导力）。老师问，比如上次在教堂的集会你看到有什么不好的行为了吗？大家纷纷说看到的各种不好的行为。老师问，那么这时你会去管吗？一般人可能去管，也可能不去管，但是如果你是一个 leader，你就有管的责任，leader 就是要去做这些难的、得罪人的事情。

我明白老师是想告诉我们，一个领导者不是一种荣誉，而是要承担一般人不需要承担的更多的责任。

2016 年 2 月 19 日　体育选课

快到期末，又要开始选择下学期的体育课了。虽然之前水球老师极力推荐我去游泳，但是我听说游泳的运动量非常大，而且游泳教练非常严格，例假期间也要上课（用卫生棉条），最多也只能请一天假。这让我望而生畏了。

这段时间大家可以先报各项目上两周课，如果不适合下学期还可以换。我报了 lacrosse（长曲棍球）课。这个项目以前在国内没怎么听说过，但是在美国非常流行，我想试试。我们这几天试课时，每天都是先进行体能训练再练传球等技能。上课第一天就要计时跑 1800 米，没想到原来在国内时跑 800 米都累得要死的我很轻松地就跑完了，真为自己感到高兴！这半年多的体育课一直是大运动量锻炼，我的体力真的比原来好了很多。

2016 年 2 月 24 日　期末考试

这几天进行期末考试。这里的考试是各科老师自己出题，不像国内是统一的试卷。这样即使是同一个年级同一科，只要任课老师不同那么考试难度就可能差别很大。因为有些老师不太赞成期末考试，但是学校有明确要求，所以有的老师在考试时会出比较简单的题，或者在加分部分出很"弱智"的题专门送分。

但如果老师比较严格情况就会有所不同。比如我们的环境科学课老师就很严格，考试时有100道选择题，很多问答题，还有一道讨论题，比国内考试的题目都多。听说别的科学课老师出的附加题是"我们年级的颜色是什么""感恩节你最想感谢谁"之类的纯送分题，可是我们老师出的附加题竟然是"大英百科全书今年新增词汇是什么"，天哪，这是昨天新闻刚发布的，昨天只顾忙着复习了，哪里会关注新闻啊！

我们的历史老师虽然比较反对期末考试，但他平时对我们的要求比较高，光这两学期给我们留的作业就可以说是花样百出了：写小的分析论文就不用说了，还有用漫画画出对中国文化的理解；写辩论词模拟法庭辩论；录个人历史讲座视频；写罗马的导游手册；用10句话写本国和罗马的政治经济比较；通过卖古埃及的某样东西来了解埃及历史；最近又让写一个本国人物和希腊人物的对比分析，这个作业花了我四五个小时，我还尝试用了一个新的软件，最后得了很高的分数。所以考试前历史老师就告诉我们不用复习，他考试时出的题都会是没做过的文章分析，复习也没用。结果考试时他果然出了非常多的文章。

英语老师就不一样，说期末会考这学期所有读过的书的细节，我们这学期读了好几本书啊，其中三本是希腊神话，本来就生涩难读，还要考细节?! 简直复习不完。

2016 年 3 月 25 日　历史考试改革

新学期开始，爱创新的历史老师又有新的改革，他决定这学期取消单元考试和期中考试，让同学自己给自己评估。开学时要求每个人给自己制订一个计划和考核指标，期末自己对照目标评估。老师也会有个评估。如果你自己的评估低于老师的，老师可能会按你自己的评估分数算。但如果你的评分高于老师的，可能会被扣分。所以需要有很客观的自我评估。

2016 年 4 月 9 日　读书

这些天我们在英语课上读了 *THE BIG FISH*（大鱼）这本书，这本书初看起来情节比较简单，但是很多内容却不同寻常甚至有些奇幻色彩，写作方法和寓意都是需要仔细品味的。老师让我们写分析 essay（作文）。这几天先写观点交给老师。老师觉得我的观点不够清晰。我之前很认真地读了这本书，昨天也想了很久，今天又去找了老师。老师觉得我其实没有真正读懂这本书，但是没有批评我或是告诉我他的想法，而是不断向我提问，和我讨论，非常耐心地引导我一步步思考。我和老师讨论了 40 分钟，最后终于觉得整本书在我头脑里都清晰起来，我非常高兴，也很有成就感，如果我之前没有花那么多时间去读和思考，或者在不是很明白的时候就认为自己明白了而不再继续和老师讨论，就不会有这样的收获的快乐。

2016 年 4 月 30 日　过生日

昨天是我的生日，真的很高兴。因为学校每周都会把过生日的人的名字写在一个大白板上，大家都能看到，这一周不断有人向我祝贺生日，有很多还是不太熟的、高年级的同学，还有体育队的同学。我昨天一早打开门就看到了放在地上的礼物，门上还有朋友昨晚悄悄帮我贴的气球。我的好友亲手帮我画了一张贺卡，找了很多同学为我签字祝福，让我好感动！

今天是周末，晚上我们一起去镇上的餐厅聚餐。我们学校的传统是同学过生日聚餐都采用 AA 制，过生日的同学负责预订餐厅，发通知给大家，大家有时间、愿意去就可以去。因为大家的家庭经济条件还是有差距的，所以一般不会订太贵的餐厅，大家也是把这当成一次聚会活动。虽然不是我请客而是 AA 制，但是很多同学都来了，非常热闹，大家玩得很开心。

在这次聚会邀请同学的过程中我发现一点，我觉得美国同学都比较会说话，让对方比较舒服。但是在国内时我们不太注意这些，包括我过去也是这样的，也没太觉得不妥。比如在国内时我提出大家去哪里聚会，有的同学就会说，吃什么呀？那什么我可不爱吃；有辣的吗？太辣我可不去；你请客吗？我作业写不完哪去得了啊，等等。过去虽然听着不太舒服，但只是觉得大家相互熟悉说话比较直率。而这次在邀请同学的过程中，美国同学都是很热情地说：太好了！谢谢你的邀请，我会过去，聚会一定会很开心的，需要我帮忙做什么吗？或者问问我具体的安排，给我提出一些建议。有的同学即使去不了或者不想去，也会委婉地说：谢谢你的邀请，可是我有作业去不了，真遗憾错过这么好的和大家相聚的机会，提前祝你生日快乐。

想起之前看过一部国内的电视剧，里面有一个角色是在美国长大的华裔到中国工作，她身上所谓的"美国特色"就是"直率"，不分场合不考虑别人感受地想说什么就说什么，而现实中接触的美国人其实并非如此。

2016 年 5 月 15 日　花钱

今天听我的室友说，假期里他们全家计划出国旅游，可是她哥哥去不了，要一个人留在家里，因为他出不起钱。这让我很惊讶。我知道我室友家里经济条件不错，她是最小的，上面还有两个姐姐和一个哥哥。她家只有她不到 18 岁，所以父母只给她出旅游的费用，哥哥姐姐都要靠自己攒的钱去旅游。而她哥哥平时攒的钱不够给父母交旅游费用，所以父母就只带她和两个姐姐去了。

我们学校的寄宿生每周可以从自己的账户里取一定的现金，最多40美元，数额标准是父母定的，并且把钱存到账户里。很多中国学生都不取现金，因为父母一般都会给我们一个信用卡副卡，可以刷卡消费。可是多数美国同学都没有信用卡，就靠每周取这点零花钱，所以到每周一次取钱的时间很多美国同学都去排队等着取钱。

如果想做一些花钱多的事情，比如出去玩，除了攒父母给的零花钱，他们还要想办法自己挣钱。我在游泳队里的一个美国同学，她学习非常好，要是在国内，暑期应该好好学习，为大学申请做准备了。她爸爸就是我们学校的老师，家里经济条件也应该不错。可是前几天听她说她已经给十几个地方投了简历，申请暑期勤工俭学。她告诉我，现在她长大了，很多事情父母已经不给钱了，自己挣来的钱支配起来才自由些。

2016年5月21日　重选室友

最近要开始分下学期的宿舍了。第一年的室友是学校给选的，在开学之前学校要求填写一个很长的表，让我选择是否喜欢开窗开灯、是否对整洁要求很高、听什么类型的音乐之类的非常详细的生活细节，学校根据我们填的表进行匹配。我对我的美国室友的生活习惯大部分还能接受，但感觉还是有很多影响我的地方，比如她每天早起，花半个多小时化妆，还开着灯。虽然我和她说了后她改用小灯，但仍然对我有影响。而且她经常喜欢外放着声音看视频，一堆叽叽喳喳的朋友来吵闹，等等。我估计她也有很多不喜欢我的地方，比如因为时差，我经常会在熄灯后给家里打电话，可能会影响到她休息。我不知道当初学校怎么分的，尽管填了那么详细的表格，但我们还是有这么多不能互相适应的地方。我一直盼着到今年换宿舍不和她住一起了。我听室友的意思也是到时候换成和她的朋友一起住。

一个月前宿舍老师就召集我们开了会，说下学期我们要自己选室友。给我们一个月的时间，自己找，自己去和对方谈。最终我们填的室友选择表上，要求双方都是把对方列为第一选择。

这些天大家都在互相谈，我找了不少人谈，也有不少人找我谈。这个过程中我的想法改变了很多，发现其实"适合"并不容易。

最初我的想法是能和最好的朋友住在一起。可是宿舍老师在开会的时候就提醒我们要考虑好，好朋友不一定适合做室友。以他多年的经验，有不少朋友住在一起后，因为一些日常琐事产生矛盾，而最终影响了友谊。我和好友沟通后也都觉得老师说得有道理，而且我们曾经尝试在一个房间里一起做作业，但总是忍不住聊天，半天也写不了多少，会影响学习，所以我们最终决定还是各自找室友。

我有一个经常在一起玩的同学，我们在一起玩时很开心。她找了我，但我仔细考虑后觉得我们有很多生活习惯不一样，住在一起可能会有问题。

我又找了一个美国同学，她人很好，性格也很随和，和我关系也不错，但是她决定还是继续和她现在的室友一起住。

还有一个韩国学姐主动找我，虽然连老师都说，她是学霸，人又很好，很多人都想找她做室友。可是我知道她是那种很认真、生活很规律也很有计划的人，这和我大大咧咧的性格相差太多，如果生活在一起，我们相互会不会看不惯而产生矛盾呢？

相比之下，我发现还是现在的室友最适合。虽然她不是我最好的朋友，也有不少缺点，但是得承认我们在生活习惯、理念上还是差异最小的。这时室友竟然主动找到我，说她与不少人谈了之后还是想选我。我们好好谈了一次，都主动表示下学期会更加考虑对方的一些习惯，比如她起得更晚些，而我睡得更早些。

虽然折腾了一个月之后还是回到了原点，但我和几个同学都觉得这段时间还是很有收获的。我们都感叹，其实每个人都有优点和缺点，和一个人长期相处不能期望她没有缺点，或者只是看中她的优点就在一起，更重要的是能不能互相忍受对方的缺点，能不能相互适应、相互包容。想必这也适用于将来选事业上的合作伙伴甚至选伴侣吧。

2016 年 5 月 27 日　第一年结束了

期末考试终于结束了。最后一学期的考试难度不小，而且这里不像国内，期末考试前一段时间老师带着大家一起复习，这里没有复习时间，上周还在正常上课甚至单元考试，而这周一就开始每天一门或两门考试了，每门考试两个小时，题量都很大，一天下来都快考晕了。晚上还要准备第二天的考试到很晚。

我们寄宿生还多一项任务，宿舍要在暑假清空，我们需要收拾打包好所有的东西。需要留到下学期用的东西要打包到一个大纸箱里，付费寄存到一个专门的寄存公司，开学后他们会将箱子送到我们下学期分到的宿舍。

寄存公司在考试前一周就送来纸箱，考试前的最后一个周末，我们又要复习又要收拾东西，真是忙得不可开交。不过想到就要回家了，还是很高兴。一年就这么过去了，觉得过得好快，可是又觉得这一年好长，经历了太多新鲜的事情。

干货分享

6.1 美国寄宿高中学习制度总结

吕乐琪

从和其他美高学校同学的交流看，美高各学校的学习制度相差不多，但也不完全相同，这里就以我们学校的情况为例做一些介绍。

选课

我们高中总共有五类必修课程，包括英语、历史、外语、数学和科学。和国内高中最大的不同是，在国内，我们每个同学上的课的内容都是一样的，而在美高，由于在这五类课程中每学年都有不同内容、不同级别的课程可以选择，年级越高，选择越多。有些是学校要求必选的，有些是可以根据自身条件和兴趣选择的，同一课程又会有普通、荣誉、AP 三个级别，所以每个人的课程表都是不同的。每年的最后一个学期开始不久，我们就要开始选择下一学年的课程，并和任课老师沟通，老师同意后签字确认。

以历史课为例，9 年级只有"世界历史基础"一门课程可选，所有人上的课都是一样的。但是到了 10 年级，就有"世界历史"和"AP 世界历史"两门课程可以选择。由于高级别的 AP 课程在阅读量、作业量、难度上都高于普通课程，学生如果想选择，必须考虑好自己可以投入的时间精力和自己的兴趣。到了 11 年级，就有了"美国历史""AP 美国历史""AP 艺术史"三个选择。除了普通课和高级别课的差别外，对于一些未来准备学艺术相关专业的同学，就需要考虑同时选择"AP 艺术史"课程了。

之所以必须是"同时"而不是只选"AP 艺术史"，是因为学校在"历史"这个类别的"毕业要求"中明确规定"三年的历史课程学习必须包括美国历史"。到了 12 年级，所有同学不出意外应该都完成了学校对历史课的要求，对历史没有兴趣的同学可以把时间转到自己更感兴趣的课程上，而对历史或人文课程比较感兴趣的同学，可以继续选择"世界现状""经济学""欧洲历史"等课程。

再如科学课程，学校的"毕业要求"是"三年科学课程可以选择生物、化学或物理"。9 年级时，有"环境科学"和"生物"可以选择，10 年级时，可选择"生物、化学、荣誉化学、物理"，到 11 年级时，则有"化学、化学高级、物理、荣誉物理、预备工程学、机器人、移动 APP 开发、AP 物理、AP 化学、AP 生物"10 个选择，到 12 年级选择更多。学生可以根据自己的兴趣和特长选择更多适合自己的课程。

层级高的课程在 GPA 上会有加权系数。能进入什么层级的班，要根据学生前一学期的成绩、课堂表现、想在这门功课上所投入的时间和想要的分数，在和老师讨论后来决定，是通过沟通来找到最适合的班，而不是简单地根据成绩选择。

因此我们在 9 年级入学时学习内容可能还相差不多，但是到了 11、12 年级，每个同学学习的内容、难度就会相差很大，美国大学录取时除了看成绩，也会看你选择课程的方向和难度。

每天时间安排

收到我们选课的申请后，教务处需要为我们每个人排出课表。绝大部分情况下，我们都可以按申请的课程安排课表，但偶尔也会出现申请的两门课程在时间安排上冲突，实在安排不了只能调整的情况。

以下是我们周一至周五每天的时间安排。

8:00—15:00 为上课时间。我们学校早上 8:00 开始上课，下午 15:00 左右结束，每节课 40 或 45 分钟，课间休息 5 分钟。每天共 8 节课，还有一个集会活动时间。集会活动时间每天不完全一样，周一、三、五是 25 分钟，这 3 天的上课时间就是每节 45 分钟，周二、四集会活动时间是 45 分钟，这两天上课就是每节 40 分钟。

每个老师都有自己固定的教室，老师在各自的教室里给每个班上课，不上课的时间就相当于老师的办公室。在教室门口有一张老师每天上课的时间表，同学如果有疑问，可以在老师不上课的时间来找老师。课间 5 分钟，我们需要从一个教室赶到下一门课的教室，有时距离还比较远，我们就需要背着书包跑过去。

虽然每天有 8 个课时，但并不是都排满了课。我们每人每天最少上 5 节课，最多 8 节。每天的第 4~6 节课，也就是中午前后，是食堂开饭的时间。排课老师会尽量给我们在这 3 节课其中一节不安排课，以便我们可以去吃饭。但是也有实在安排不开的情况，就只能自己想办法解决。其他有空闲的课，就可以用来做作业或自由活动。

15:30—17:30 是体育课时间。下午 15:00 放学后，我们就要赶紧回宿舍换衣服，然后到选择的体育课项目的场地报到，17:30 下体育课后，我们又要赶紧回宿舍，洗澡换衣服。由于每天的体育课活动量比较大，每次课后必须要洗澡，而大家洗澡的时间又比较集中，有时会耽误一点时间。洗完澡就差不多到晚饭时间了。

17:30—19:00 是食堂晚餐时间，也是我们比较放松的时间，大家会在餐桌上一起聊聊天，然后一起回宿舍。

19:30—21:30 为晚自习时间。这段时间我们需要自己在宿舍里学习，但是不能出声、不能讨论，手机要放在门口，门需要开着，老师会巡视检查。

21∶30 晚自习结束后，有些同学会继续写作业或自习，有些同学会放松一下，看电视、玩游戏或和同学聊天，然后在熄灯前洗漱。

9 年级是 22∶30 熄灯，10 年级 23∶00 熄灯，11 年级以后就不限熄灯时间了。熄灯后老师会检查每个宿舍，但是，有时候作业太多晚上完不成，我们也会在熄灯后偷偷爬起来继续做作业。

作业量

除了数学以外其他所有作业内容都以阅读、写作为主。

比起国内作业，美国的作业比较抽象，时间和数量上较为宽泛，需要有较强的时间规划和自我约束能力。比如要写一篇读后感，如果只是简单地把上课已经讨论过的观点总结后直接写在自己的作文中，可能只需要一个多小时就可以完成。可是，要想得到更高的分数，就需要有自己更加独特的观点。这就需要对这本书非常了解，并查阅关于这本书的背景以及作者的个人资料，而且还要对自己要分析的段落反复阅读，每读一遍都会有新的发现。

这样较为宽泛的作业要求和时间限制，会使有能力的同学获得更大的发展和进步空间，也会能力较弱的同学在自己的能力范围内不断提高，当然前提是你愿意努力去取得更好的成绩。

评价制度

在总成绩的评价方面，美国的评价制度更为注重平时成绩。学校会有专门的电子系统记录每一名学生每次考试或小测的成绩、作业及课堂表现的情况，并且通过一定的比例换算成最后的总分，就是 GPA。虽然美国申请大学时也需要提交标准化考试（SAT、ACT）成绩，但是大学更看重的是学生的 GPA，申请大学时要提交从 9 年级开始每一年的 GPA。

一般情况下，期末考试成绩所占的比例不到20%。这可以促使同学们重视学习的每一个过程，认真对待每一次作业和测试，杜绝考前突击的现象。明确的分数计算规则也可以让学生直观地发现自己的努力和最后的成绩有着极为直接的联系。比如在一次测试中得了 80 多分，为了使整个学期的 GPA 成绩还能达到 A，我们会立刻明白，在下一次测试中自己至少要拿到将近满分才能弥补上一次的低分。

老师对作业和考试的评判有时较为主观（尤其在文科更为明显），比起作业质量本身，老师评分时更看重的是学生对作业或整个学科的重视程度，对提高成绩的欲望是否强烈以及投入时间的长短。

学校不会公布学生的名次，但是每学期结束时会公布各个年级所有 GPA4.0（相当于百分制 97 分）以上、GPA3.7（相当于百分制 93 分）以上同学的名字。家长只会在每学期期中、期末收到学生各科成绩和老师评语。

管理制度

在管理方面，学校有很明确的规定。相对于中国的管理规定比较笼统，美国学校的规定往往非常具体。例如自习的时候什么可以放在房间里、什么不可以放都会讲得很明确。入学后，每科老师做的第一件事情，就是逐条讲解相关的规定，并且让学生签字确认。与此同时，还会对规则进行讨论，让学生把一些对规则细节上的疑问提出来，并一一解答，这样就会避免学生"钻空子"的心理。

在学校里，小到迟到、大到作弊都会有相应的明确的惩罚措施（比如：义务劳动、禁足、取消校内职务、处分、开除等）。一旦违反规定，老师一般不会生气责骂学生，但是执行处罚完全没有通融余地。比如学生上课迟到了，老师不但不会批评学生，还会耐心地听学生解释，甚至还对学生表示理解和安慰。但下课之后，老师仍然会按照规定把这件事上报给学校，并让专门负责纪律的老师对学生进行相应的惩罚。比如我有一次早上睡过头上课迟到了，老师当时并没有批评我，但一个多小时后我就收到了处罚邮件，要求我周五晚上在规定地方参加晚自习而不得外出。而这些小的处罚如果积累多了，就会成为大处罚的依据。学校也不会因为学生平时表现好就网开一面。

这样做是让学生明白自己需要对自己做的事情负责，在做之前想清自己是否可以承担后果。

导师

国内中学里，班主任负责管理整个班，学校里的任何活动都是通过班主任传达到各个班。同学有任何事情都可以找班主任，班主任可以帮忙找学校或其他老师协调。但是在美高，没有固定的班，也就没有班主任。类似以上的一些事情，我们有两个渠道：一个是各个活动都有专门的老师或学生负责，在发布时都会附上联系人，有事可以直接找他们。第二个渠道就是我们的"导师"。每个同学刚到学校时都会被分配给一位导师，第二年开始，学生和导师还可以双向选择。导师由学校的所有老师担任，每位老师负责几个或十几个学生，涵盖各个年级。每周三的集会活动固定内容是和导师见面，有 25 分钟时间，由这位导师负责的所有学生都会到老师的办公室开会。导师有时会给我们讲一些学校近期的要求，或者重要的事情，没有什么事情时就聊聊天。导师有时还会带给我们一些小食品，我们可以边吃边聊。如果自己有一些事情需要导师帮助，可以写邮件和导师预约时间专门谈。

6.2 你的数学是体育老师教的吗——关于体育课的那些事

吕乐琪

你的数学是体育老师教的吗?

在中国,这是一句玩笑话,因为数学在学校里被认为是最难的课程,数学老师总会让人联想到很高深、不苟言笑、戴着眼镜的形象,而体育老师却总让人觉得"头脑简单、四肢发达"。所以,体育老师教出的数学课就成了笑话。

然而在美高,这很常见。我的数学的确是我的体育老师教的,因为我的数学老师同时也是我的体育老师。

在我们学校,一年的三个学期,体育课都是必选。每个学期的体育课都有十几个项目可以选择,除了个别项目的教练是从校外请的,只在体育课时间过来上课外,大部分体育老师都是校内的老师兼任的。

在我面试美高的时候,曾经和一位温文尔雅、学者模样的老师谈到我参加过帆船运动,他马上用帆船的专业术语和我探讨起技术动作;还有一次,一位50多岁、慈祥的女老师在听到我说参加过攀岩活动时,马上兴致勃勃地说起她的攀岩经历。当时真让我感到意外,我以为只有和学校的体育老师才会谈到这些。而现在,我一点也不会对这种事情感到吃惊了。

我的历史老师是我非常喜欢的一位老师,他的历史课总是非常有意思又让我收获很大。他同时也是篮球课的教练,听篮球队同学说,他的篮球水平也很高,办公室里放满了各种篮球赛的奖杯。

我的心理老师是一位非常温柔又有专业水平的女老师,在我遇到困难和压力的时候,她都能给我很多具体实用的指导。而这位老师下课后却又变身为我们水球队的教练。要知道水球这个项目对体能和技术的要求都非常高，所以，她的身材也让我们非常羡慕！

说到身材好的老师，学校里真的是很多，比如有一位教科学的老师，虽然已经 50 多岁，但身材一点儿也不输 20 多岁的年轻人，有型、有活力。他每天下午都带领越野跑队在山林中跑一两个小时。即使周末不上课的时候，他也坚持自己跑。

我的独木舟项目的教练，同时也是一位英语老师，他每天都要下海训练，已经坚持 20 多年了。

对于他们来说，体育项目是爱好，也是习惯。自己锻炼的同时还能教别人，当然是好事。

前几天，学校的校刊上登出了几位老教师退休的消息，在这几位教师的介绍页面上是这样显示的：

×× ，物理教员，航海教练

×× ，英语教员，高尔夫、篮球、网球、排球教练

×× ，英语、音乐教员，水球、游泳、篮球教练

······

刚到美国时看到老师们都这样"全才"，我感到非常吃惊，而现在却已经习以为常了，我知道如果从小在学校里能每天坚持两个小时的运动，长大后别说一项，就是好几个项目达到教练水平也不足为奇。

一堂风雨中的体育课

长曲棍球是我上个学期新尝试的一个项目，这项运动比较激烈，训练中我们经常会在拼抢中摔倒。好在这个项目是在草地上进行的，摔倒也不会太疼，只是每次训练完，身上、鞋上都是泥。

一天下午，我照常去上长曲棍球课。由于春天天气还比较冷，那天又

是阴天，而且还有风，我和多数同学一样，上身穿着长袖的厚绒衣，下身穿短裤，这样运动起来比较方便又不会太冷。课上到一半的时候，突然下起大雨。雨来得很急，密集的雨点简直就是砸落到我们身上，绒衣很快就湿透了。我想教练会赶紧宣布暂停或下课，在国内只要开始掉雨点我们就可以停上体育课回到教室，不然淋湿了衣服、感冒了怎么办？然而教练像什么都没有发生一样，继续指挥我们训练。

雨越来越大，厚厚的绒衣灌满了水，变得沉甸甸的，开始往下滴水。湿透的衣服紧紧贴在身上，风刮过来我冷得直哆嗦。我只好尽量不停地奔跑，靠运动的热量抵挡一些寒冷。我望向四周，同学们都和我差不多，哆哆嗦嗦地奔跑着，头发、衣服都在往下滴着水，简直惨不忍睹。这时候的草地上都是一个一个的泥潭，跑起来高高溅起的泥点落了我一身，摔倒时整个身体都落在了泥汤里。我看向教练，希望她此时能宣布停止训练，然而她也浑身湿透了，却一点没有停下的意思。我知道提前下课没戏了，心想她真是一个好狠心的教练啊！

直到下课时间，教练才宣布停止训练。这时候的我们全成了泥人，迫不及待地拿起书包往宿舍跑。这时候我才发现上课前自己的书包没有拉好拉链，雨水落在里面存了半包，里面的干衣服全都泡湿了。还好这天自己没有带手机，而有的同学的手机非常悲惨地被水泡了。

第二天我问别的同学才知道，那天下午，所有在室外上课的体育队都在正常上课。原来并不是我们的教练太狠，而是美国人觉得下雨并不是停课的理由。我问美国的同学，以前下雨也这样吗？她说是啊。那不会有人冻感冒吗？她说有啊，去年有一次下大雨上课，第二天队里有十来个同学都感冒发烧。这样学生和家长不会去投诉学校吗？我想起我上学期上水球课时，因为医务室就在我们训练的游泳池旁边，我每天都能看到上体育课受伤的同学，一瘸一拐或缠着绷带从医务室出来进去，似乎是很平常的事。我不由得想如果在国内，如果这样上体育课，怕是早有一堆家长找到学校去控诉了吧。

我和妈妈谈到这件事，我开玩笑说，要是我体育课生病或受伤了，你会不会去找学校理论啊？妈妈无奈地说："唉，我想找学校也不行，开学前学校让家长签字的一大堆表格里有一张专门说明体育课如果学生受伤学校不承担责任，我要是不签字你就不能上体育课，甚至可能不能在这里上学，我只能签字同意了！"

我现在明白为什么以前听一些人说美国学生"看上去比中国孩子皮实、经折腾"，看来是他们从小这么锻炼出来的啊。

我们的体育队

在我们一年三个学期的体育项目中，学校规定至少有一个学期要选择集体项目，比如篮球、足球、排球、水球、自行车、越野跑等项目。

我选择体育课时总是尽可能选择球类项目，因为我很喜欢在一个球队这样的集体里的感觉。

美高是走班制上课，每节课的同学都不是一拨人，所以可以认识很多人，包括不是一个年级的同学（很多时候是不同年级同学选同一门课）。但是课间只有 5 分钟，还得赶紧奔向大家各不相同的下一个教室，课下交流的机会并不多。而在体育队里，每天两个小时的训练时间里，我们经常会在休息时一起聊天，在训练和比赛时互相鼓励，关系更加紧密。在每次外出比赛的路上，大家一起唱歌、交流，非常快乐。教练也有意让大家加强沟通，比如说刚开始的几次课上大家胸前别上名牌，这样大家马上就可以互相称呼名字，显得亲近了很多；教练经常调换练习时的分组，让大家有机会熟悉不同的同学。

这学期我参加了游泳队。虽然在国内时我参加过小学的游泳队，但是后来没坚持训练，原因之一是我觉得游泳既辛苦又枯燥。但是在这里的游泳队，虽然每天训练都很累，我却非常喜欢参加。

美高的体育课非常注重实战，这让枯燥的训练更有目标和挑战性。每个项目，在学期开始时就会发布一个本学期的比赛时间表，多数时候是和周围的其他中学进行比赛。有时他们来我们学校，有时我们去他们学校。由于每个项目都设有初级队和高级队，比赛时一般是两个学校的高级队和初级队分别比赛。所以，即使刚参加游泳队，我每次也都有机会参加比赛。教练会根据我们的成绩分配不同的项目，但是并不一定是我们最擅长的项目，相比于比赛的胜负，教练更看重的是我们从中得到锻炼。比如，这周五的比赛，教练给我分了 4 个项目，两个集体的接力项目，两个个人项目。虽然我的蛙泳和自由泳成绩更好，可教练在我比较差的仰泳和蝶泳上也安排了比赛项目，逼得我不得不在每天训练结束后还自己加练半小时，力争在比赛中不会拖整个团队的后腿。

教练会给我很多指导，我进步很快。我很佩服我们的教练，他也是我们学校的一位数学老师。他在高中时就是学校游泳队的队长，在我们学校当老师后做游泳队教练也有 20 多年了，非常有经验。好几次，在他指点下我的动作稍稍做了一点调整，就让一直困扰我的一些问题迎刃而解。他不会对我们的成绩施加压力，不管比赛结果如何，都会鼓励我们。但是他对于我们平时的训练要求是非常严格的，比如不管什么原因，向他请假少上一次课都非常难。

不过即使他同意请假，我也不会轻易请的。现在我非常喜欢上游泳课，因为我发现自己在游泳队中进步非常迅速。这种进步一方面来自教练的指导，另一方面也来自同学之间的激励和比赛的压力。

虽然只是校际的友谊赛，但比赛流程非常正规。学校采用的是专业比赛时的跳台、电子计时器以及比赛规则。我们穿着统一的有学校标志的泳衣，每一个队友站到跳台上时，全队同学都会一齐喊他的名字，为他加油打气，那个时刻真的是很激动人心。游完下场时，同学们都会围过来，鼓励或者安慰参赛的同学，这种"我们是一个团队"的感觉让我感到非常自豪，也非常想取得更好的成绩为整个团队争光。

所以，一向是按老师要求完成就行，不给自己加压的我，也会主动在每天训练结束后自己加练。这样的同学很多，有的同学还在早上 5 点多起床，自己在泳池练一个多小时。要知道，早上去泳池加练，需要独自打开整个泳池用来保温的遮盖板，挂上泳道浮标，光这件事情就得一个人跑来跑去干至少 15 分钟，然后才能练习。以前没上游泳课时听说有人早上自己去训练，我还觉得非常奇怪，什么人会有这么大的动力呢？而现在，我自己也成了其中的一员。在我们的体育课上，学到的可不只是体育。

为什么美国大学更欣赏体育好的学生？

放假回国和国内的同学聊天时，有些同学表示打算申请美国大学，于是会非常关注大学的录取标准。有的同学会问："听说美国大学非常喜欢体育好的学生，那么一般什么项目比较被认可？需要参加什么比赛？拿什么证书管用？"我会一下子不知从何说起，因为美国人看待体育的角度和国内确实有很大差别，他们看的还真不仅是成绩本身。

在我们学校，所有体育课的个人项目一周都要上四天课，集体项目一周五天课，有时为了备战比赛周末还会加课。三点下课后我需要赶回宿舍换衣服，三点半赶到体育项目所在场地上课。各个项目几乎都是训练两个小时左右一点不停，训练量很大。再加上下课后自己加练，结束时往往已经快六点了，我匆匆忙忙洗完澡，就赶紧去吃饭，尽快吃完赶紧上晚自习。刚来美高时对这种节奏真有点不适应，每次运动完之后都浑身酸疼，真想躺在床上睡一大觉，可还得打起精神上晚自习、做作业。不过现在已经很适应了。

这一周我们游泳队已经参加了两次比赛，周一是在我们学校和附近另一所学校举行的对抗赛，而昨天是到另一所学校参加比赛。在我们学校比赛还好，只提前请了一节课的假，而外出比赛则需要请三节课的假，因为路上还要花不少时间。好在一学期里这样密集比赛的时间并不很多，否则我就惨了。比赛虽然可以请假，但作业并不会因此免掉。由于没有上课，我需要借来同学的笔记自学，有时实在不懂还需要约老师单独补习。如果赶上这天刚好几门课的作业都比较多就更惨了。所以几乎每次比赛，都意味着晚上需要写作业到很晚，甚至第二天还要早起接着做。不同于国内的是，学校的课外活动不会特意回避期中期末考试时间，也就是说，在期末复习非常紧张的时间段内，你仍然可能要花很多时间去参加比赛或活动。这就意味着你一定要考虑好自己是否有能力平衡好学习和课外活动的时间安排后再决定是否参加。

在美高，如果某高年级同学不仅 GPA 很高而且还是某球队高级队的主力、队长，大家立即就会对他有一种仰视的感觉，敬佩之心油然而生。因为我们都知道这意味着什么。高年级时拿 GPA 高分，就意味着你不仅要选择多门 honor、AP 之类的高级课（高级课就意味着学习内容和作业量更多、难度更大），还要每门成绩都非常高。而参加体育的高级队，就意味着你至少参加过两期以上的集体项目（参加集体项目训练和比赛所需要花费的时间我们都是知道的），而要成为主力，意味着你可能要花费更多时间自己练习。如果你是队长，则还需要花一定时间承担队里的组织工作。

所以，要能做到这些就真的非常了不起了。这不仅说明你在学习、体育上取了非凡的成绩，更说明你一定具有超强的自制力、时间管理能力和高效学习的能力，否则，时间真的不够用。想想看，这样的一个学生和另一个学习成绩相同但没有参加体育活动的同学相比，显然会被认为能力更强、更有发展潜力，当然也会成为好大学优先录取的对象。我们学校曾经有一个高年级的学长，不仅 GPA 优异，学了多门 AP 课程，参与某名牌大学的研究项目并获奖，而且还是学生会主席、长跑队队长。就连学校的老师都惊叹说"我真不知道他是怎么安排时间的"。最后他得到了多所常春藤名校的录取，我们一点也不觉得惊讶。

所以，如果想单靠拿体育证书就吸引美国名牌大学是不太可能的，按照一位申请顾问的话说，"奥运会级别的世界冠军拿一块奖牌都不够，得多拿几块才能入眼"。我觉得美国大学通过体育看的是一个人的团队精神、毅力及自我管理的能力，而不是那些证书和奖牌本身。

6.3　一堂美高的思想品德课

吕乐琪

今天我们学校为全体女生组织了一个名为"girls night"的活动，明天将举办"boys night"。之前我以为这种活动就是大家在一起吃东西、聊天、玩游戏，但没想到这是一次对我非常有触动的活动。

活动刚开始是一个游戏。地上划出两个区域，组织者问问题，回答"yes"的同学站一边，回答"no"的站在另一边。刚开始的问题比较有趣，比如"你是否有时候觉得自己比别人丑""你是否在某个时候又会觉得自己特别漂亮"，我觉得这两个问题简直就是在说我，我的答案都是"yes"，但是真有点不好意思说出来，可是我发现竟然大部分同学都站在了

yes 那边，我释然了，原来大家都这么想。就这样，问题一个个提出来，感觉越来越深入和严肃，比如"你是否因是家里排行中间的孩子而感到不受重视""你是否因为是独生子女而感到孤独""你是否觉得自己的家庭条件不如周围同学"，等等。大家由刚开始的嘻嘻哈哈、推推搡搡地跑来跑去站位置，到后来越来越需要思考一下再站。当问到"谁来自父母离婚的家庭"时，现场突然间安静下来，我看到很多同学互相望着，犹豫着，最终有同学站到了 yes 那里，然后越来越多，我惊讶地发现选 yes 的同学竟然占了将近三分之一，其中包括我认识的，之前觉得他们家庭条件非常好、非常完美的同学。后来在"父母是否曾被别人性骚扰"这种我觉得很个例的问题上，竟然也有不少同学站到了 yes 上。

这是一个游戏，也没有什么结论，但是我从中发现，你以前觉得只有自己才有的困惑、自卑，甚至痛苦、不幸，其实可能很多人都有，甚至比你严重得多。你羡慕别人有你没有的优势，但其实人家可能也有你没有的困难、挫折，只是你不知道罢了。

下一个环节是观看一部电视片。这部片子截取了很多影视剧的场景，甚至包括了一些接近于色情的画面——比如女性搔首弄姿地展示自己裸露的丰满的胸部，然后片子中提出了很多问题：为什么以个人奋斗为主题的影视剧 80％ 的主角都是男性？即使是女性，为什么很多女主角最后的成功也是靠男性？比如迪士尼剧中的女主角往往靠遇到了王子才能解救自己。为什么政府高官中很少有女性？为什么影视剧中的女性，即使是政府或公司的高层管理者，也往往被描述成很情绪化的人？为什么很多影视剧暗示女性要以身体取胜，比如脸蛋漂亮、胸大，才会得到男性的喜欢和仰慕？真的如此吗？为什么在学校里学生会竞选时，女生往往只申请竞选副主席，尽管主席也在空缺？

这部片子被分成了三段放映，每放一段会停下，我们随机分成若干小组一起讨论片子中提出的问题。每个组都有一张大的白纸，我们每个人都把自己的思考写在上面：我们心中对于自己女性身份的困惑，遇到的困难，我们心目中的成功女性，等等。我想到自己曾经问妈妈，为什么没有把我生成一个男孩？因为我觉得男孩有许多女孩没有的优势。现在想来，我们在潜意识里，在别人的影响下，接受了很多关于性别的观点，比如女孩"没有男孩聪明""没有男孩坚强"等。真的是这样吗？我们也许身体没有男生强壮，但我们的内心可以和男生一样，甚至比男生更加强大，我们也可以做到很多男生做不到的事情。也许社会上真的给女孩的机会更少，但我们至少不应该给自己贴上"不行"的标签。在我们组的讨论中，我们最后一致认为，成功的女性不一定是企业家或高管，但一定是一个内心强大、自信、相信自己可以面对一切的女性。

活动的最后一个环节，我们每人在纸上写出了自己的愿望或是疑问，放在地上，然后大家随便走来走去，看到地上的纸就可以拿起来看，还可以留言。每个人的纸条上都会收到很多鼓励的留言，我的纸条上让我印象最深的一句话是"你要相信，即使素不相识的人也会愿意帮助你的"。这些话让我非常感动，也很受激励。

我想到在我刚到美国时，面对英语、历史课的作业我完全没有头绪，课也听不太懂，我觉得别的同学，即使同样是从中国公立学校来的同学似乎都没有这样的问题，只有我是最笨的那一个。那段时间我真的很难受。直到有一次我把困惑说给了一个中国国际学校来的女生，她安慰我说她当年刚从公立学校转到国际学校时和我面临的问题是一样的，这很正常，她还鼓励怕老师的我去找老师寻求帮助。后来老师不仅给我补课，还找了一个高年级的同学给我辅导，我的历史和英语成绩很快得到了提高。从这件事里，我明白了当遇到困难时，不应该感到自卑，封闭自己，掩饰自己的困难和问题，而是应该积极地寻求帮助，其实很多人是愿意帮助你的。

走进宿舍的公共卫生间，我看见镜子上不知是谁刚刚用口红写了一行字：HELLO BEAUTIFUL GIRL。我不由得笑了，现在我觉得作为一个女孩真的很美妙，我周围的女孩们也都那么美好。

后　记

一个美高学生家长眼中的中美教育对比

乐乐刚去美国高中时，经常在电话中给我讲她们上课的情景，可是却让我越听越担忧。

乐乐说："数学课像游戏一样，讲一个公式用一节课，为了理解一个函数曲线的开口形状老师带着我们一起站着比画半天，有这个时间，国内的老师都讲好几个公式了。"

数学老师也不批作业，每天讲完当天内容后给大家讲前一天作业的答案，大家自己改错，然后自己告诉老师对了几道题。有的偷懒的同学就在第二天老师对答案时才写作业。

11 月份乐乐放假回国看望国内的同学，同学问乐乐数学学到哪里了，乐乐说了她们现在学的数学的知识点，倒是和国内进度差不多。接着同学问乐乐她们作业的难度，乐乐列举了几道题，同学们判断属于国内作业里的基本题难度。于是国内的同学有些不屑，说："这样你们岂不是只背下公式就行了？"乐乐自己都觉得有些不好意思了："老师还允许我们考试时带一张记着公式的卡片呢……"国内同学简直目瞪口呆："那你们还用学习吗？"

我问乐乐："那你们的文科课都怎么讲？"乐乐告诉我，历史课上，基本都是老师带着大家讨论。我问："那老师系统地梳理知识点吗？"乐乐说："没有，知识点在书里，老师让自己看。""那看书的效果老师怎么监督？没有看书或是没有认真看书怎么检查呢？"乐乐说："有些需要记忆的知识点我们也会考试的，不过老师不圈重点，每天读的书有十几页甚至几十页，全靠自己梳理。"

我越来越担心了：那美国老师岂不是很轻松？什么也不用教？什么也不用准备？这样的课上下来，能学到多少知识？几年下来，岂不是和国内学生差距很大？这样不扎实的基础行吗？孩子岂不是要变得越来越懒？选择去美国学习会不会是一个错误？

然而一学期下来，我担心的事情并没有发生，乐乐却发生了很多让我惊喜的变化。乐乐第一学期的数学课经历了一开始的成绩很好，到中间有段时间下滑，再到后来又提升。乐乐后来回顾这学期的学习时说："刚开始上数学课时我觉得和国内的数学课相比简直太简单了，而且刚开始的知识点是在国内学过的，就没有怎么花精力。但是后来发现，这边学习进度非常快，学的内容虽然没有国内深但是知识点更多，有时是一天一个内容。很快国内的底子就用完了。老师一两天一小考，两周一大考。我后来发现，即使老师允许我带着公式卡片考试，但随着公式越来越多，如果等着考试的时候查看也根本来不及，所以我现在都是老老实实熟记公式。为了提高做题的准确率，能够在考试时取得好成绩，我会自己找出不熟悉的知识点，在一些习题书上找这方面的题目做，不会的再去问老师或同学。我觉得自己掌握了根据自己的情况主动学习的方法。"

乐乐在国内时非常不喜欢历史课，感觉历史就是一门要背书的课，很烦人。而且历史课在国内也是一门"副科"，多数同学都不太重视。而在美国，历史课则是一门主课。乐乐学校的世界史课选用的课本是《新世界史——文明的传承与交流》一书。我买来了这本书的中文译本，即使以中文的简练，翻译过来还是两块大砖头厚的上下册，150多万字，英文版就更不用说了。网上介绍说这本经典的历史书是很多大学的历史课本，我担心这对于刚刚进入高中的学生来讲是不是太难了，更别说对乐乐这样一个"外国人"。

刚开始乐乐确实觉得非常困难。老师上课基本没有板书，她不知道该记些什么；课后读了老师要求的几十页书，似乎也都懂了，然而当老师小测考前几天所读的书中的内容时，乐乐完全懵了：这么多内容又没有划重点，难道让我全背下来？

乐乐去找老师寻求帮助，老师找来一个高年级的学霸学姐帮助乐乐。一方面有天天考试的压力，另一方面有来自同学的实用经验，乐乐经过几次辅导之后就开窍了，成绩进步很快。现在，在乐乐看来，历史课是最有趣的一门课，每天的课上讨论、课后作业都让她觉得很有意思。历史课作业除了读书，几乎每天都留写小论文的分析作业，有时是几句话就可以回答，有时是要写一整篇分析论文。这些论文都没有标准答案，但需要你有观点、有论据，需要认真读书，查找资料。上课时想参与讨论，也需要课前认真读书和思考，否则是不可能参与讨论的。历史课还是"花样"最多的一门课。例如讲到埃及，老师让她们分组做的项目内容是，每组要向当时的埃及人推销一样东西，乐乐这组分到的是陶罐。初听上去我觉得匪夷所思，不是历史课吗？怎么变成商业课了？我从商业的角度帮乐乐分析，要卖东西的话是不是得从用途、价格的角度进行介绍。乐乐得意地说，当然了，我们已经查阅了很多资料。查当时的地理资料看当时的水资源情况，判断是否有储水的需求；查埃及的气候特点，看在长期储存食物上是否有需求；查当时人们的生活方式，看是否有经常迁移的习惯，是否有长途运输中储物的需求；查当时陶器的普及性，看它是否属于昂贵的奢侈品，等等，乐乐一口气说了十几个她们查找资料的切入点。我明白了老师的用意，觉得这招真的是很妙，不但引导孩子进行自学，而且还让她们学得兴致勃勃。我发现老师看似只在课堂上组织、帮助学生讨论，虽不像全程讲课那样辛苦，但其实也需要非常用心地准备，才能调动起同学们的积极性。

更让我欣喜的是乐乐学习态度的变化，以前乐乐绝对是那种"拨一下动一下"的孩子，老师让做什么题就做什么，自己一点都不多做；上课老师写什么就记什么，一个字都不多记。自己整理笔记、划重点的事情就更不做了。而现在，乐乐却学会了主动学习，自己去做老师没有要求的事情。

仅仅不到一个学期，乐乐就积累了不少课外学习的方法：数学课上老师讲得快没听懂，她就在网上搜索相关概念的视频讲座或者讲义自学；老师教给她们如何搜索和甄别资料，她学会了在研究分析一个新问题时如何查找不同角度、不同观点的资料，如何分析他们的论点和论据，如何自己展开进一步的研究；她发现了学校里的高年级生辅导员机制，在哪门功课上有困难就自己找擅长这门课的高年级生辅导；学校里有学习辅导中心，学习方法上有困难可以找老师咨询；她总结出哪些问题可以自己研究，哪些问题适合找几个同学一起讨论学得更快，等等。

这些让我感到，她的学习内容已经扩展到课本和课堂之外，而她的"老师"也不再局限于课堂上教她的老师。我想，这样学下去，当乐乐离开学校走上社会，不再有老师的情况下，她在面对新的知识、新的问题需要研究学习时，靠自学，靠充分利用各方面的学习资源，快速了解和掌握这些新知识、解决这些新问题一定不会是难事。

一位国内中学老师在参观旁听了一所美国高中的课后，从教学的专业角度对于美国课堂给予了这样的评价："如果以中国的课堂评价标准来看，（美国课堂）大多是不合格的课堂。课堂效率很低，知识容量小且不落实，感觉学生学到的东西很少。数学课上十分钟可以讲完的东西折腾了一节课；外语课既没有教语法，也没强化词汇记忆，感觉空荡荡的，什么也抓不住；生物的实验课与其说是实验，不如说是简单的手工，最终也没有检查出究竟有几个学生理解了这节课要讲的知识点……总之，美国的课堂几乎没有知识和技能落实的环节，老师讲得高兴，学生学得开心，在调动学生学习兴趣方面不遗余力，但牺牲了难度和落实程度。这究竟值不值呢？对此，美国老师的回复是，我们过去也注重学习知识本身，但是现在，我们觉得学生动手参与和学习兴趣更重要。"

从乐乐的经历中，我感觉到的是，美国老师更看重的不是知识和技能的传授，而是学习兴趣和学习方法、思考问题和分析问题的能力，以及自我学习能力的培养，是如何把学生变成独立思考者和终身自我驱动的学习者。这样的教育下，高中毕业时那些成绩优异的同学，不仅仅标志着熟练掌握了某些知识，往往也意味着能力上的领先：内心有非常强烈的内驱力，有很好的自我管理能力和自我学习能力，在没有外在压力、在没有人引领的情况下，也能保持终生的学习能力。

但是，乐乐却否认了美国教育就一定强过中国教育的说法。乐乐出国后的另一个变化，就是更加客观了。她说，她现在感觉很多事情是有两面性的。比如，说到美国培养兴趣的素质教育是否一定比国内标准化的知识学习的教育更好时，乐乐告诉我，这种兴趣式的教育，靠的主要是学生自我努力的意愿。在她们学校，同一个作业，想做得好的同学花两个小时以上的时间完成，而不认真的同学20分钟就能做完，甚至有人根本不做，老师也只是记上成绩，并不会批评学生或督促他完成。总之，学习是你自己的事情，愿意学的学，不愿意学的就可以不学。这种自然筛选的结果，是好的越来越好，差的越来越差，学生间的差距越来越大。美国学校的确会培养出内驱力很强、后劲十足的精英预备人才，同时也会有不少差到在中国人看来简直无法想象的学生。而这种情况在国内的学校中就几乎不会出现，老师的严格要求，会让绝大多数孩子都不会落下太远。

再比如，美国的老师非常尊重学生，轻易不会批评学生，乐乐说那是因为他们几乎是把学生作为一个成年人对待。所以他们认为你也应该像成年人一样，为自己所有的行为负责。犯错了就要接受惩罚，没有任何同情的因素。老师和学生的关系有时也像成年人之间一样，礼貌而保持着距离。而国内的老师尽管会狠狠地批评你，但他们认为你毕竟还是一个孩子，你的成长中有他们的一份责任，老师像家长一样真诚地想帮助你，即使学生态度不好也不会和你一般见识。

乐乐告诉我，在经历了中国和美国两种教育后，她对于教育本身产生了浓厚的兴趣。也许将来有一天，她会从事教育行业，吸收东西方教育中优秀的部分。她认为，随着互联网、大数据、人工智能这些新兴技术的发展，未来的孩子应该得到更加个性化和更加满足个性需求的教育，未来的教育有很大的发展空间，也许她可以在这个行业中做一些自己感兴趣的事情。乐乐在暑假中自己去应聘了几家教育机构，最后放弃了准备付钱请她做口语老师的机构，而是选择了一家虽然没有工资但能给她自由发挥空间的托管机构。在这个小学生的托管班上，乐乐自己设计了英语课、游戏课，还很自豪地告诉我她如何尝试应用美国学校的规则制定处罚措施，让一个对最厉害的老师都敢大喊大叫的男孩在做错事后乖乖地接受了处罚。

我不能确定教育就是乐乐今后的专业选择或是职业方向，但我相信，在梦想引导下兴致勃勃努力前行的乐乐，一定会不断进步。

最后，用美国斯坦福大学教育研究所教授、青少年发展和品格教育研究领域最杰出的学者之一威廉·戴蒙（William Damon）在《迈向目的之路》一书中的观点作为结束：

当今世界这一代年轻人普遍存在漂浮不安、不想做任何承诺的问题，主要原因是缺乏动机的来源，即"目的"。动机是很重要的学习要素，但大部分成人谈论的动机，通常是通过考试、考上某个大学等短期动机。但是研究显示，如果没有更大的"目的"（purpose）存在，短期动机通常会徒劳无功，而且很快就会在毫无方向的活动中消耗殆尽。

而目的的建立，需要能清楚回答以下三方面的问题：

1. 为什么我正在做这件事？我对什么有兴趣？我做什么最享受？

2. 为什么这件事很重要？我最擅长什么？我的才能在哪里？什么会让我发光（trigger the spot in life）？

3. 为什么它对我和我以外的世界都很重要？这世界需要什么？世界有哪些问题、机会，可以发展成我帮助别人的所在？

在青少年阶段发展出自己的目的感，是很花时间的事情，可能需要数个月甚至数年，因为你要去尝试不同的事物。父母可以做的，就是跟孩子展开对话，刺激他们去思考。